Wolfgang Hoffmann

Welterbestadt
QUEDLINBURG

Ein Führer durch
die alte Fachwerkstadt am Harz

Lange Gasse am Finkenherd

Auf einen Blick

Geschichtliches

Vom Beginn bis zu den Ottonen

Vielerlei archäologische Funde von Geräten, Waffen, Knochen und Gefäßen geben Kunde von den ersten Bewohnern der Gegend. Im nördlichen Harzvorland siedelten einst die Cherusker, betrieben Ackerbau und Viehzucht.

In den Wirren der Völkerwanderungszeit während des 4. und 5. Jahrhunderts verschwanden die Cherusker von der Bildfläche. Fortan bestimmten die Duren oder Duringe (= Thüringe) auch hier im nördlichen Harzvorland das Geschehen, was beispielsweise an dem Urnamen Quedlinburgs zu erkennen ist. Umfassende Grabungen haben unter anderem Mauerreste aus merowingischer Zeit (482 - 714 n. Chr.) ans Licht gebracht. Wahrscheinlich dienten sie dem Schutz eines großen Wirtschaftshofes südwestlich des Schlossfelsens, etwa dort, wo noch heute die Wipertikirche steht.

Der Wirtschaftshof (villa) gehörte einem thüringischen Adligen **QUITILO**. Dieser Name enthält den noch im Mittelalter gebräuchlichen Wortstamm quit (reden). Und somit ist Quito jemand, der gut reden kann und Quitilo – die Verkleinerungsform – also der jüngere Quito. Demnach lebte hier der Sohn des Quito mit seiner Familie, seinen Gefolgsleuten und Knechten. In alten Dokumenten wird dieser Ort als Quitilinga oder Quitlingen bezeichnet.

Aus diesen und anderen Urkunden geht auch hervor, dass Heinrichs Familie, die Liudolfinger, im nördlichen Harzvorland über umfangreichen Landbesitz verfügte. Einer ihrer Stammsitze befand sich in oder bei Quedlinburg und diente nach Heinrichs Krönung als Königshof. Man nimmt an, dass dies der Wipertihof war.

Zwischen 927 und 929 unterwarf **König Heinrich** die Slawen östlich der Elbe und in Böhmen. Er eroberte die Slawenburg Brennabor, die spätere Stadt Brandenburg an der Havel, und gründete die Burg Misni (Meißen). Nach Quedlinburg zurückgekehrt, verfügte er zwei wichtige Dinge: Erstens bestimmte er zum Alleinerben des Reiches seinen zweiten Sohn Otto. Damit wollte er die Unteilbarkeit der deutschen Königsherrschaft sichern. Zweitens schenkte er seiner geliebten Frau Mathilde eine Reihe von Ortschaften zur Witwen-Nutznießung, darunter Quedlinburg.

Den Sandsteinfelsen nördlich des Wipertihofs ließ Heinrich I. zu einer starken Burg ausbauen. Die Mauern wurden verstärkt und steinerne Wohngebäude errichtet, ebenso eine kleine Kirche, in deren Altarhalbrund im Juli 936 Heinrich I. in einem schlichten Holzsarg zur letzten Ruhe gebettet wurde.

Als erste Amtshandlung gründete sein Nachfolger, der junge **König Otto I.**, auf dem Burgberg ein reichsunmittelbares Frauenstift und stattete es reich mit Grundbesitz und Einkünften aus. Das Reichsstift zu

Historiengemälde im Rathaussaal:
Amtseinführung der Äbtissin Mathilde 966

Quedlinburg war ein eigener, in sich geschlossener Verwaltungs- und Gerichtsbezirk. In weltlichen Angelegenheiten stand es direkt unter dem Schutz des Königs oder Kaisers, in kirchlichen Fragen war es nur dem Papst Rechenschaft schuldig.

Über ein Jahrhundert, von Heinrich I. (919) bis Heinrich IV. (1053), war Quedlinburg so etwas wie eine „Hauptstadt des Reiches". Dieser Begriff bezieht sich allerdings mehr auf Königshof und Schlossberg, denn eine Stadt wie heute existierte zu dieser Zeit noch nicht. Diese Entwicklung kam erst mit der Verleihung des Münz-, Zoll- und Marktrechts an die Äbtissin Mathilde am 23. November 994 durch **Otto III.** in Gang. Ferner verfügte er die volle Immunität des Quedlinburger Marktes und den ungehinderten freien Han-

del im gesamten Reich. Diese Rechte besaßen bis dahin nur die Kaufleute in Magdeburg und Goslar.

Bevor Otto III. zu seinem zweiten Italienzug aufbrach, betraute er 997 seine Tante, die Äbtissin Mathilde von Quedlinburg, mit der Verwaltung des Reiches.

Für alle Sachsenkaiser war Quedlinburg ein bevorzugter Aufenthaltsort, an dem sie gern Hof hielten. Obwohl Heinrich I. nur viermal hier weilte, wurde doch ein erheblicher Teil seiner heute noch erhaltenen Urkunden in Quedlinburg ausgestellt. Neunundsechzig Aufenthalte deutscher Könige und Kaiser sind für die Zeit von 922 bis 1027 bezeugt.

Eine Stadt im Aufschwung

Am Fuße des westlichen Stiftsberges entwickelte sich die Hörigensiedlung mit kleinen Häusern und zeitweiligem Markttreiben zu einer eigenständigen Stadt mit Marktplatz, Rathaus, Stadtkirche und Wohnhäusern nebst Warenlagern. Im 11. Jahrhundert erlangten die Bürger die Rechte des Marktes und des Handels, der Befestigung, der Besteuerung und der Finanzverwaltung, ohne dabei die Oberhoheit des Stifts infrage zu stellen. Infolge der überaus günstigen Privilegien, die das Stift der Stadt Quedlinburg gewährte, nahm die Zahl der Bürger und Kaufleute rasch zu.

Die wirtschaftliche Potenz der Quedlinburger Bürger im 12. und 13. Jahrhundert muss beträchtlich gewesen sein. In jener Zeit entstanden das Rathaus, drei Stadtkirchen und die fast einhundert Meter lange Steinbrücke über die Bode (heute Mühlgraben); außerdem eine vier Kilometer lange **Stadtmauer** mit achtundzwanzig Türmen, die 1330 die Altstadt und die Neustadt zusammenfasste. 1222 wurde die Neustadt erstmals als „nova civitate" erwähnt.

Etliche feudale Abgaben, Frondienste, die allgemeine Agrarkrise des 13. Jahrhunderts und in ihrer Folge die Einführung der Leibeigenschaft ließen immer mehr Landbewohner die Stadt als Ort der Rechtssicherheit und des Wohlstands erscheinen. Zahlreich folgten sie dem Ruf: „Stadtluft macht frei". Große zusammenhängende Bauflächen gab es aber nur östlich der Bode. Mit Beginn des 13. Jahrhunderts fanden

daher Arbeiten statt, den Fluss einzudämmen, das Gebiet hoch und trocken zu legen und beide Ufer zu verbinden. Straßennamen wie Damm, Word oder Pölle zeugen noch davon.

Ab 1326 beteiligte sich Quedlinburg an den damals üblichen **Städtebünden** gegen wechselnde Kontrahenten und Widersacher. 1426 trat Quedlinburg der Hanse bei und zählte hier aufgrund seiner Finanzkraft zur zweitgrößten Städtegruppe hinter Magdeburg, Halle und Braunschweig.

Das 14. und 15. Jahrhundert war unbestritten für Quedlinburg eine Zeit großer wirtschaftlicher Blüte. Vermehrt wurden Ansehen und Macht der Stadt zusätzlich durch den siegreichen Ausgang der Fehde mit ihrem Schutzvogt **Graf Albrecht II. von Regenstein** im Jahre 1336 oder 1337. Als der Regensteiner Graf mit dem machtgierigen Bischof Albrecht II. von Halberstadt um die Vorherrschaft im Harzgau kämpfte, schlugen sich die Quedlinburger auf die Seite des Bischofs. Sie hofften, auf diese Weise die lästige Vormundschaft durch das Stift abschütteln zu können. Mit Waffengewalt wollte Graf Albrecht die angestammten Verhältnisse wiederherstellen und die aufmüpfigen Quedlinburger mores lehren. Doch in einem kühnen Vorstoß überraschten die Bürger den Grafen, der auf seiner Flucht in einen Sumpf geriet. Sie nahmen ihn gefangen und steckten ihn in einen Holzkasten auf dem Dachboden des Rathauses. Dieser sogenannte Raubgrafenkasten ist heute im Schlossmuseum ausgestellt.

Über dem Rathausportal: Reichsadler mit Quedlinburger Stadtwappen im Brustschild

Durch ein wahrscheinlich hohes Lösegeld kam der Graf allerdings wieder in Freiheit, während die Quedlinburger mit diesem Geld die schwächste Seite ihrer Stadtbefestigung, die Westseite, durch sieben Türme verstärken konnten.

Unterwerfung und Besetzung

1477 wurden die „Höhenflüge" der Quedlinburger, die ihre Stadt schon als reichsunmittelbar betrachteten (die nur dem Kaiser unterstellt war), jäh beendet. Mithilfe ihrer Brüder Ernst und Albrecht von Sachsen unterwarf die ab 1458 amtierende **Äbtissin Hedwig** die Stadt wieder der Stiftshoheit. Ohne die Zustimmung der Äbtissin und ihrer Brüder lief politisch in Quedlinburg fortan nichts mehr. Als äußeres Zeichen der Rechtlosigkeit ließ Hedwig den Roland umstürzen und zerschlagen. Seit 1869 steht er aber wieder restauriert vor dem Rathaus.

Aus den Haushaltsbüchern des Rates geht für das Jahr 1477 hervor, dass es ungefähr 900 steuerpflichtige Häuser in der Stadt gab. Daraus kann man auf etwa 5 000 Einwohner schließen. Diese lebten nicht alle vom Handel, sondern in größerem Umfang ebenso von der Landwirtschaft. Schließlich waren die Quedlinburger früher auch sogenannte Ackerbürger. Ihren Wohlstand verdankten sie ihrem praktischen Geschäftssinn, die Schafzucht mit der Wollherstellung, den Getreideanbau mit der Brauerei und die Branntweinbrennerei mit der Mastviehhaltung zu verbinden.

Während des **_Dreißigjährigen Krieges_** war die Stadt ein bevorzugter Ort für Einquartierungen und Plünderungen der Kriegsparteien. Trotz alledem überwanden die Bürger relativ schnell die Folgen dieser Drangsale des Krieges, wie die vielen Neubauten in der zweiten Hälfte des 17. Jahrhunderts bezeugen.

Das Jahr 1698 begann für die Quedlinburger nicht gerade erfreulich. August der Starke, wie so oft in Geldnot, hatte seine Schutzherrschaft (Vogtei) über das Quedlinburger Land für 240 000 Taler ein Jahr zuvor an **_Friedrich III. von Brandenburg_** verkauft. Am Morgen des 30. Januar 1698 besetzten brandenburgische Truppen unter dem Kommando des Fürsten Leopold von Anhalt-Dessau in kühnem Handstreich die Stadt. Sie übertölpelten die Torwachen am Oeringer Tor, zogen zum Marktplatz und forderten die Stadtschlüssel. Die Quedlinburger fügten sich in das Unvermeidliche.

Historiengemälde im Rathaussaal:
Einzug der Brandenburger 1698

Mit den Brandenburgern kamen auch gleich einige Neuerungen in die Stadt, wie die Akzise (Verbrauchssteuer), die Einquartierung und die Rekrutierung. Buchstäblich über Nacht fanden sich die Quedlinburger unter neuer Oberhoheit und zugleich innerhalb neuer handelspolitischer Grenzen wieder.

Nach diesem Schock und einem damit verbundenen wirtschaftlichen Rückgang, der manch alteingesessene Kaufmannsfamilie in Konkurs brachte, erholte sich der Handel langsam wieder und es entwickelten sich neue Erwerbszweige. Mitte des 18. Jahrhunderts bestanden bereits vierzig kleinere sowie vier große Gärtnereien und Samenzuchtbetriebe, die Quedlinburgs Ruf als führende und größte Sämereihandelsstadt Deutschlands begründeten.

1802, nach dem Frieden von Luneville, durfte sich der Preußenkönig für verlorenes Terrain links des Rheins anderweitig schadlos halten. Und so vollzog er de jure, was schon seit 1698 Fakt war: die Besitzergreifung über das Stift Quedlinburg. Die letzte Äbtissin Sophia Albertina reiste in ihre schwedische Heimat zurück und erhielt bis zu ihrem Lebensende die bisherigen abteilichen Einkünfte.

Nach dem Frieden von Tilsit 1807 fanden sich die Quedlinburger im Königreich Westfalen wieder und wurden bis 1813 von Kassel aus regiert. Auf dem Wiener Kongress 1815 sprach man Quedlinburg dann endgültig dem **Königreich Preußen** zu. Damit fand die über achthundertjährige eigenständige Geschichte ein Ende.

Saatzucht und Industrie

Den wirtschaftlichen Wohlstand im 19. Jahrhundert verdankte die Stadt vor allem den zahlreichen Blumen- und Saatzuchtbetrieben, die ihre Sämereien in alle Welt lieferten, bis nach Nordamerika und Russland. Dabei wandelte sich langsam der Charakter Quedlinburgs: Von den sechsundsiebzig Landwirten im Adressbuch von 1852 waren 1919 nur noch sechsunddreißig übrig geblieben. Hingegen arbeiteten 1920 etwa 1 700 Leute für die Firma Dippe, einen der größten Saatzuchtbetriebe.

Mit Eröffnung der Eisenbahnlinien Magdeburg – Thale 1862 und Quedlinburg – Gernrode 1885 begann für Quedlinburg das Industriezeitalter. Metallwaren- und Farbenfabriken siedelten sich an. Ab den fünfziger Jahren des 19. Jahrhunderts verbesserten zahlreiche Neubauten das städtische Leben, wie beispielsweise die Gasanstalt (1863), das Wasserwerk am Brühl (1881), das Elektrizitätswerk (1902) und die Kanalisation (1907). Auch die Straßen wurden in einen passierbaren Zustand versetzt. 1843 begannen beispielsweise die Arbeiten für den Bau einer Kunststraße, wie es damals hieß, von Quedlinburg nach Halberstadt.

Bis zum Jahre 1824 gab es im Kreis Aschersleben, zu dem das Stiftsgebiet seinerzeit gehörte, keine einzige befestigte Wegstrecke. Was in alten Urkunden oder Berichten als Straße bezeichnet wird, war ein besserer Feldweg.

Die beiden **Weltkriege** überstand Quedlinburg ohne großen materiellen Schaden. 1945 besetzten zunächst amerikanische Truppen die Stadt, bis sie am 1. Juli von der Roten Armee abgelöst wurden. Damit gehörte Quedlinburg für vierzig Jahre zum sozialistischen Lager.

Ab 1960 wurde die Stadt im *sozialistischen Plattenbaustil* erweitert, leider auf Kosten der wertvollen Bausubstanz im Stadtkern. Großflächig brach man die vernachlässigten und nicht mehr zu haltenden historischen Häuser ab und ersetzte sie zum Teil durch die sogenannte HMB(Q), die Hallesche Monolithbauweise Typ Quedlinburg. In der Schmalen Straße sind derartige Bauten zu sehen.

UNESCO-Welterbestadt

Auch nach 1990 waren weitere Fachwerkbauten dem Verfall preisgegeben. Wegen ungeklärter Eigentumsverhältnisse oder laufender Erbstreitigkeitsprozesse blieben sie lange Zeit unbewohnt und wurden nicht saniert.

Als eines der größten Flächendenkmale steht Quedlinburg seit Dezember 1994 auf der Liste des Weltkultur- und Naturerbes der UNESCO. Die Aufnahme beruht auf dem kunsthistorischen Wert der Stadt als einmaliges städtebauliches Denkmal, mit dem Schlossberg, der Stiftskirche sowie den über 2 000 Fachwerkbauten aus sechs Jahrhunderten. Auch der Grundriss einer mittelalterlichen Stadt mit ihrem ursprünglichen Straßenverlauf blieb bewahrt.

Am Schlossberg

Eine ganz besondere mittelalterliche Atmosphäre erleben Besucher alljährlich zu Ostern und Pfingsten beim sogenannten Kaiserfrühling. Und schon lange kein Geheimtipp mehr ist der Advent in den Höfen, der in der Vorweihnachtszeit in die Altstadt lockt. Bereits 1981 rief der Domorganist Gottfried Biller den Quedlinburger Musiksommer ins Leben. Mittlerweile steht die Konzertreihe unter einem Motto, 2019 lautet es „Klang, Pracht, Gloria".

2007 musste Quedlinburg seinen Kreisstadtstatus aufgeben und bildet seither gemeinsam mit Wernigerode und Halberstadt den Landkreis Harz. Außerdem bewirkte die Gemeindegebietsreform in Sachsen-Anhalt, dass seit 1. Januar 2014 Gernrode und Bad Suderode nun offiziell zu Quedlinburg gehören.

Historische Persönlichkeiten

Der Ort am Harzrand war Heimat bedeutender Menschen aus Kultur und Wissenschaft. 1724 wurde der deutsche Dichter der Vorklassik *Friedrich Gottlieb Klopstock* am Schlossberg 12 geboren.

Der „Vater der Leibesübungen" *Johann Christoph GutsMuths* war ein echter Quedlinburger. Sein berühmtester Schüler hieß *Carl Ritter*, 1799 in Quedlinburg geboren. Der spätere Professor an der Berliner Universität gilt als Begründer der wissenschaftlichen Erdkunde. Im Haus Steinweg 51 wurde 1715 *Dorothea Christiana Leporin*, später verheiratete Erxleben, geboren. Als erste Frau in Deutschland promovierte sie nach ausdauernden Kämpfen 1754 an der halleschen Universität zur Ärztin (Gedenk-Zimmer im Klopstockhaus).

i Seite 30

Schloss und Stiftskirche

Die Entdecker-Touren

Bereits rund um den Schlossberg gibt es jede Menge zu sehen und zu erleben. Stolz thronen auf dem Sandsteinfelsen Stiftskirche und Renaissanceschloss. Nach deren Besichtigung sollte man den Blick auf die roten Dächer der Altstadt genießen. Auf dem Weg hinab warten nicht nur das Geburtshaus des Dichters Klopstock und die einzigartige Grafiksammlung Feiningers, sondern auch enge Gassen, Kopfsteinpflaster und buntes Fachwerk.

Davon bietet natürlich die Altstadt noch reichlich. Begrüßt vom mittelalterlichen Rathaus auf dem weiten Marktplatz geht es von der St. Benediktikirche zu St. Blasii bis zur Nikolaikirche der Neustadt und von einem wunderschönen Haus zum nächsten. Viele kleine Geschichten ranken sich um die bunten Fachwerkhäuser und erzählen auf besondere Weise vom Leben in diesem Ort, in dem Straßennamen wie Hölle und Pölle neugierig machen.

Nur einen Katzensprung entfernt liegen Abteigarten und Brühl, in denen man das Grün der Natur genießen kann, sowie die Wipertikirche mit der romanischen Umgangskrypta. Und schließlich lohnt die kleine Anstrengung hinauf auf den Münzenberg für eine tolle Aussicht auf die Stadt und neueste Kenntnisse über das ehemalige Kloster St. Marien.

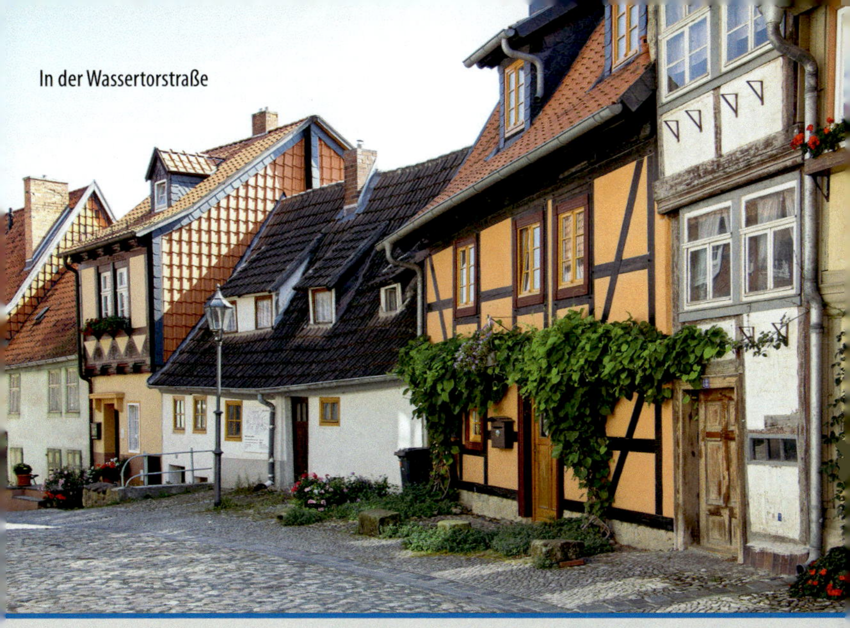

In der Wassertorstraße

Rund um den Schlossberg

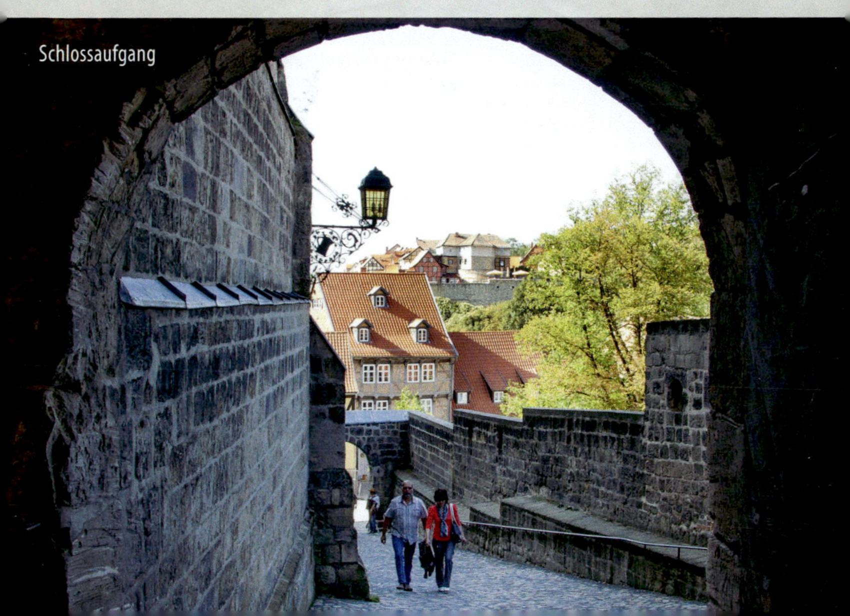

Schlossaufgang

Der Burgberg

Weithin sichtbar erhebt sich die Silhouette des Quedlinburger Burgbergs im Panorama des sanfthügeligen Harzvorlandes. Giebelgekrönt thront die alte Stiftsburg mit ihren imposanten massiven Mauern auf einem Sandsteinfelsen. Der ungleichmäßige Umriss wird von der hochromanischen Stiftskirche dominiert, deren kantige Türme die klar gegliederte Basilika überragen. Malerisch schmiegen sich darunter kleine Fachwerkhäuser an den Berg.

Bereits seit der **_Bronzezeit_**, wahrscheinlich sogar noch früher, war diese Erhebung besiedelt. Davon zeugt auch der südwestlich der Burg gelegene frühgeschichtliche Wirtschaftshof, der spätere „curtis Quitilinga". Der Burgberg war gleichsam Kristallisationskern der späteren Ansiedlung, auf den alle Siedlungsteile seit dem 10. Jahrhundert sinnvoll bezogen waren. Von hier wurden nicht nur die Stadt und die weiten Stiftsländereien, sondern zeitweise das gesamte deutsche Reich regiert.

Nachdem etwa um 900 das Geschlecht der Liudolfinger in den Besitz von Quitilingaburg gekommen war, begann mit **_Heinrich I. (919 - 936)_** Quedlinburgs große Zeit. Der als „Burgenbauer" in die Geschichte eingegangene König ließ die vorhandenen Befestigungen grundlegend umbauen und die Wehranlagen verstärken. Aus behauenen Steinquadern entstanden eine Ringmauer und erste steinerne Wohngebäude. Bald wurde Quitilingaburg zu Heinrichs Lieblingsort, an dem

Der Schlossberg

er dann auch im Juli 936 seine letzte Ruhestätte fand. Es wird berichtet, der tote König sei von Memleben nach Quedlinburg gebracht und in der Kirche auf dem Schlossberg vor dem Altar – „... in basilica Sancti Petri ante altare ...“ – mit großer Ehrfurcht und Anteilnahme beigesetzt worden. Zweiunddreißig Jahre später wurde dort gleichfalls Mathilde, seine „ehrwürdige Gattin, die Genossin seiner Herrschaft“, bestattet.

Schon bald nach dem Tod Heinrichs ordnete sein Sohn Otto I. das Witwengut seiner Mutter Mathilde neu und gründete ein **_adliges Damenstift_**. In einer Urkunde, datiert vom 13. September 936, wird dem Stift königlicher Schutz zugesichert und seine Aufgabe als Memoria für sein Herrschergeschlecht bestimmt. Das „Kaiserlich freie weltliche Reichsstift Quedlinburg“ unterschied sich von einem Kloster vor allem dadurch, dass keine der Stiftsjungfrauen in Armut leben musste; ihr Vermögen blieb in ihrem Besitz. Auch die Heirat war ihnen nicht verwehrt. Zum Stift gehörte eine Mädchenschule für die Jüngsten der hochgeborenen Töchter. Die Äbtissin befand sich im Stande einer Reichsfürstin; sie unterstand nur dem König und dem Papst. Von beträchtlicher Größe war der Stiftsbesitz. Fünfzehn Dörfer gehörten dazu, und die Ländereien reichten so weit, dass ein Vogt die Verwaltung übernehmen musste.

Seine Blütezeit erlebte das Quedlinburger Stift zwischen dem 10. und dem Beginn des 13. Jahrhunderts, als es zeitweise bis zu vierzig Damen zählte. Im Verlaufe des 13. Jahrhunderts verblasste jedoch der Glanz mehr und mehr. Nur noch wenige Stiftsdamen erlebten mit, wie das Königreich Preußen 1802 die Herrschaft über ihren Besitz nahm, sie jeglicher Selbstständigkeit beraubte. Als dann 1807 bis 1813 gar der König von Westfalen hier herrschte, verkaufte er zuerst die Stiftsgärten, danach alles, was man aus Stift und Schloss sonst noch verkaufen konnte. Zum Schluss ließ er sogar den Domschatz nach Kassel bringen.

Stiftskirche St. Servatii

Seite 34

Baugeschichte. Umfassende Grabungen auf dem Schlossberg in den 1930er Jahren trugen wesentlich dazu bei, die komplizierte Baugeschichte aufzuhellen. Demnach haben sich vier aufeinanderfolgende Kirchen auf derselben Stelle ineinandergeschachtelt und übereinandergetürmt.

Erster und zweiter Bau. Während der Ausgrabungen kamen Pfostenlöcher einer spätkarolingischen Holzhalle und Grundmauern einer um 850 errichteten Kirche zutage, sozusagen die Keimzelle der heutigen Kirche. Es handelt sich dabei um eine dem heiligen Petrus geweihte, kleine Pfeilerbasilika, in deren Erweiterungsbau Heinrich I. beigesetzt wurde. Für die Festgottesdienste der deutschen Kaiser am Grab ihres Ahnherrn erwies sich dieser Bau schon bald als zu klein und so entstand während der Umwandlung der Burg in ein Damenstift ein größerer.

Dritter Bau. Äbtissin Mathilde beschloss, auch in Anbetracht der wachsenden Bedeutung der Anlage als Austragungsort von Reichstagen und als Reliquienstätte, eine grundlegende Erweiterung der Kirche. Der repräsentativen Funktion entsprechend, wurde für diesen Neubau die basilikale Bauform gewählt. Sie entstammt der Antike und erfreute sich im frühen Mittelalter in Deutschland großer Beliebtheit. Der Bau war ein Ereignis ersten Ranges, und Zeitgenossen priesen ihn als die „heilige Hauptkirche des Reiches".

Zahlreiche **Reichstage** der Ottonen sind in Quedlinburg bezeugt, wobei der glanzvollste unter Otto I. am 23. März 973 stattfand, wie vom Chronisten Thietmar von Merseburg versichert wird. Gleichermaßen wurde ein intensiver **Reliquienkult** betrieben, um das Ansehen des Stifts, auch als Familienheiligtum, zu stärken. In den Jahren 961 bis 964 wurden ganze „Körper von Heiligen", wie der des heiligen Servatius, übergeführt und mit großer Prachtentfaltung aufgestellt.

Er entstand in zwei Etappen. Zunächst wurde westlich der alten Basilika das Langhaus aufgeführt. Der Mittelbau bekam eine Vorhalle und darüber die Äbtissinnenloge. 997 erfolgte die Weihe. Nun konnte der zweite Kirchenbau abgebrochen und der Ostteil der kleinen Kirche, in dem die Gräber Heinrichs I. und seiner Gemahlin lagen, zu einer Krypta umgebaut werden. Die Pfeiler sind noch im untersten Teil erhalten. Über der Krypta befand sich der Hochchor, zu dem vom nördlichen Seitenschiff eine Treppe führte. Der westliche Teil der alten Heinrichskirche wurde zum Mittelpunkt der Kirche umgestaltet, an den sich die seitlichen Kreuzarme anschlossen (Vierung).

Nach der Fertigstellung erfolgte 1021 in Anwesenheit Kaiser Heinrichs II. die feierliche Weihe. Haupt-

Schloss und Stiftskirche vom Abteigarten aus

Die romanische Krypta

patrone der Kirche wurden Dionysius und Servatius. Namenspatron für die Stiftskirche, die im Volksmund Dom genannt wird, ist Servatius, dessen Gebeine 961 von Maastricht hierher überführt wurden.

Vierter Bau. Eine Feuersbrunst vernichtete 1070 die mächtige ottonische Basilika und die umstehenden Stiftsgebäude. Angesichts der ideologischen Bedeutung der Burg für die Reichspolitik der deutschen Kaiser wurde sogleich mit den Aufräumungsarbeiten und mit einem Neubau auf den alten Grundmauern begonnen. Das sehr einheitlich wirkende Bauwerk dürfte in einem Zug aufgeführt worden sein, wie Bauuntersuchungen in den 1930er Jahren ergaben. Zum Pfingstfest 1129 war es dann so weit: Mit großem Gepränge wurde in Anwesenheit Kaiser Lothars III. die Weihe der Kirche vollzogen.

Umbauten. Dieser vierte Bau blieb seither im Wesentlichen erhalten. Die markanteste Veränderung im gotischen Stil erfuhr um 1320 der Chor. Das Obergeschoss wurde damals vollständig mit schmalen, spitzbogigen Fenstern und Strebpfeilern „modernisiert".

Zugleich erhielt die Krypta einen nördlichen Zugang, der kunsthistorisch recht bemerkenswert ist. Das reich profilierte gotische Gewändeportal mit seinen schlanken Säulen und den Laubkapitellen wird von einer naturalistischen Blattleiste gerahmt, die oben in einer Kreuzblume endet. Über dem Portal sind zwei Maßwerkfelder eingelassen, flankiert von zwei Fialen (türmchenartigen Aufsätzen). Dies ist eine reife Lösung der deutschen Gotik, die von demselben Steinmetz stammen dürfte, wie die Brauttür der Martinikirche in Braunschweig.

Baubeschreibung. Die Stiftskirche ist eine dreischiffige, flachgedeckte romanische Basilika, deren Querhaus und Chor hoch über einer ebenerdigen Krypta liegen. Das Mittelschiff wird von drei Quadraten gebildet, deren Ecken jeweils Pfeiler betonen. Dazwischen stehen je zwei Säulen mit Adlerkapitellen, wodurch ein rhythmischer Wechsel zwischen ihnen und den monolithischen Säulen entsteht. Dieser Stützenwechsel belebt den Hauptraum und erzeugt Spannungen zwischen den Arkadenöffnungen und der Fensterzone. Flächige Schmuckfriese gliedern die Wände in horizontale Zonen. Überwältigend und von zeitloser Größe erscheint das Innere in seiner klaren räumlichen Abstufung.

An das Mittelschiff des Langhauses schließt die Vierung an. Ein weiteres Quadrat bildet den Chor. Im Verhältnis zum Mittelschiff des Langhauses

In der Nordwand befindet sich das Hauptportal. Es gilt als das **älteste Säulenportal Deutschlands**. Der mächtige, romanische Rundbogen wird von je einer Säule flankiert. Die eingestellten Halbsäulen tragen, wohl als Herrschaftssymbole, prachtvolle Adlerkapitelle. Heute gelangt man vom Westbau aus in die Kirche.

haben die Seitenschiffe die halbe Breite. Der Westbau, heute Zugang zum Langhaus, enthält zwischen den Türmen eine zweijochige, nach dem Mittelschiff offene Halle. Darüber befindet sich die Empore, volkstümlich Kaiserloge genannt. Von der farbigen Ausgestaltung des Inneren sind, abgesehen von den romanischen Deckenmalereien der Krypta, kaum noch Spuren vorhanden.

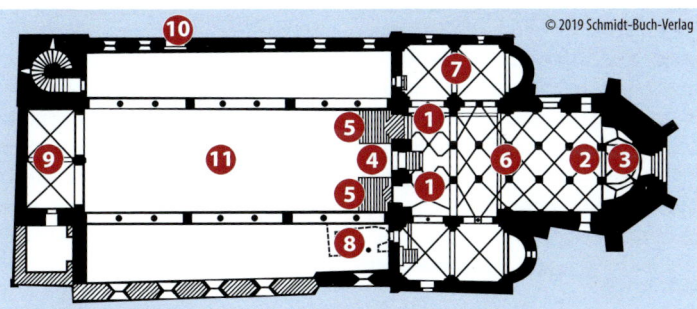

© 2019 Schmidt-Buch-Verlag

1	westliche Joche der Krypta vom 1021 geweihten Kirchenbau
2	Königsgräber Heinrichs I. und seiner Gemahlin Mathilde (Krypta)
3	Confessio der Damenstiftskirche
4	Zugang zur Krypta
5	Zugang zu Hohem Chor und Querhaus
6	Hoher Chor mit Hauptaltar
7	nördl. Querhausarm mit Schatzkammer
8	unterird. Kapelle St. Nicolai in vinculis
9	westlicher Vorraum mit ehemaliger Äbtissinnenloge (sog. Kaiserloge)
10	Säulenportal (vermutlich ältestes Deutschlands)
11	dreischiffiges Langhaus mit Stützenwechsel (Kapitelle mit Adlermotiv)

Langhaus nach Westen mit Äbtissinnenloge

Den Altarraum der Stiftskirche prägte von 1959 bis 2001 ein großes Holzkreuz mit einer gotischen Christusfigur, das an seinen einstigen Platz in die Marienkirche in Freyburg/Unstrut zurückgegeben werden musste. Der Gemeindekirchenrat initiierte daraufhin einen Wettbewerb für ein neues Kreuz, den der Hallenser Künstler Thomas Leu mit seinem Entwurf eines *expressiven Aluminiumkreuzes* gewann. Der Absolvent der Hochschule für industrielle Formgestaltung Burg Giebichenstein versteht dieses Kruzifix als „Lichtgestalt" im deutlichen Gegensatz zur romanischen Architektur. Kreuz und Christuskörper sollen eine Einheit bilden und gleichermaßen Kreuzigung, Auferstehung und Erlösung symbolisieren.

Fast alle *Kapitelle* sind, gleich den Friesbändern sowie den Bogen- und Fensterumrahmungen der Oberkirche, in einem streng dekorativen Stil gearbeitet. Die enge Verwandtschaft dieses hochentwickelten Stils mit der entsprechenden Ornamentik oberitalienischer Bauten lässt lombardische Einflüsse vermuten. Es ist anzunehmen, dass wandernde Steinmetze aus Como, die – wie urkundlich bezeugt – den Sommer über in Deutschland arbeiteten, Anregungen für die Bauornamentik gaben.

Die gleichen Motive, aber einen durchaus anderen Stil, zeigen die Kapitelle der Krypta. Neben Pilz und glatten Würfeln stehen Würfelkapitelle mit Flechtwerk, Ranken, Tieren und Mönchen; weiter das Adlerkapitell, das korinthische Kapitell und schließlich auch freie Abwandlungen des ionischen Typs. Nicht ein Stück gleicht dem anderen.

Geheimnisvolles Dunkel empfängt den Besucher, wenn er die *Krypta* betritt. Weiträumig schiebt sich diese Unterkirche bis unter das Querhaus vor. Der Hauptraum der Krypta ist eine dreischiffige Halle, die in einer Apsis endet. **Gewölbemalereien** mit Figurenzyklen aus dem alten Testament schmücken den düsteren Raum. In meisterhafter Zeichnung sind die heiligen Gestalten dargestellt. Die 1906/07 wiederentdeckten Darstellungen sind hauptsächlich der Geschichte der Susanna, nach dem Buch Daniel, entlehnt.

Das kultische Zentrum der Krypta bilden die **Königsgräber** in der Apsis und die halbrunde **Confessio**, eine Andachtsgruft mit radial angeordneten Rundnischen. Sie diente wahrscheinlich der Königinwitwe Mathilde und den anderen Familienmitgliedern dazu, im Gebet dem verstorbenen König Heinrich I. nahe zu sein. Vermutlich beim Neubau 1021 oder beim großen Brand 1070 ist die Confessio zugeschüttet worden. Erst 1869 wurde sie bei Restaurierungsarbeiten aufgefunden und freigelegt. Vor der Confessio liegt im Boden unter zwei Gittern die Gruft, in der Heinrich I. beigesetzt wurde. Vom Sarg des Königs ist allerdings nichts mehr vorhanden; angeblich soll man 1756 noch ein Stückchen Bohle gefunden haben. Der tiefe Schacht, der heute die Stelle des königlichen Grabes einnimmt, wurde nach dem Tod der Äbtissin Mathilde, der Enkelin Heinrichs I., im Jahre 999 angelegt. Er war ursprünglich mit einem Altar überbaut und diente als Reliquienbehälter.

Rechts neben dem Heinrichsgrab befindet sich der Sarg der Königin Mathilde und davor, unter einer Steinplatte, der Bleisarg der Äbtissin Mathilde. Der schlichte Steinsarg der Königin ist aus zwei Muschelkalkblöcken gehauen. Seinen walzenförmigen Deckel ziert nur ein einfaches erhabenes Kreuz. Eine lateinische Inschrift nimmt die ganze Fläche ein und lautet in der Übersetzung: AN DEN ZWEITEN IDEN DES MÄRZ (14. März 968) STARB DIE KÖNIGIN MATHILDE, DIE AUCH HIER RUHT, DEREN SEELE DIE EWIGE RUHE ERHALTEN MÖGE.

Kapitelle im Mittelschiff

Vom südlichen Seitenschiff der Krypta aus führt eine Treppe zu einem unterirdischen kleinen Kapellenraum, *St. Nicolai in vinculis*. Da der älteste Burgaufgang an der Südseite lag, handelt es sich wahrscheinlich um eine Tor- oder Wegekapelle. Ursprünglich frei stehend, wurde sie bei der Errichtung des ersten Langhauses um 1000 überbaut.

Noch weiter abwärts geht es zu einem in den Sandstein gehauenen Doppelraum unter dem südlichen Seitenschiff. Aurora von Königsmarck, die wohl berühmteste Insassin des Stifts, ließ ihn als *Fürstengruft* anlegen. Als Pröpstin des Stifts wurde sie 1728 hier beigesetzt. Ihr Leichnam blieb, durch die salpeterhaltige Luft des Sandsteingewölbes konserviert, über die Jahrhunderte vor der Zerstörung bewahrt.

Durch amerikanischen Artilleriebeschuss während des Zweiten Weltkrieges entstanden Schäden an den *Türmen* und an der Dachkonstruktion. Eine erneute Instandsetzung der Kirche wurde nötig. Im Zuge dessen wurden an den Türmen die stilwidrigen rheinischen Helme aus dem 19. Jahrhundert durch die heutigen romanischen ersetzt. 1959 waren diese Arbeiten im Wesentlichen abgeschlossen.

Entweihung in der Nazizeit

War das Langhaus der festliche Raum für die demonstrative Prachtentfaltung kaiserlicher Macht, barg die Krypta das Heiligtum der königlichen Familie und damit des jungen deutschen Staates.

All dies bewahrte den sakralen Bau jedoch nicht vor späterem Missbrauch. Die Nationalsozialisten vereinnahmten Heinrich I. als ihren Ahnherrn. Anlässlich der Tausendjahrfeier seines Todestages am 2. Juli 1936 versammelten sich auf dem Schlossberg zu Quedlinburg äußerst unerträgliche Zeitgenossen, an ihrer Spitze der Reichsführer SS, Heinrich Himmler. Sehr unchristlich und mit einem gewaltigen propagandistischen Aufwand entweihten sie die altehrwürdige Stiftskirche und erklärten sie zur „Weihestätte" der SS.

Der Fund von Knochenresten auf dem Schlossberg während der Grabungsarbeiten im Jahre 1937 bot einen willkommenen Anlass, diese als die Gebeine Heinrichs I. zu „identifizieren" und mit großem Kult in einem neuen Sarkophag durch die SS beisetzen zu lassen. Ob es tatsächlich echte Überreste des Königs gibt, ist jedoch bis heute nicht belegt.

Von 1936 bis 1939 wurde die Kirche „renoviert", der gotische Chor „romanisch" vermauert sowie Kanzel und Gestühl entfernt. Am 6. Februar 1938 musste der damalige Superintendent die Kirchenschlüssel an die SS übergeben. Nach diesen schwärzesten Jahren Deutschlands fand am 3. Juli 1945 zum ersten Mal wieder ein Gottesdienst in der Stiftskirche statt.

Der Stiftsschatz

Im nördlichen Querhaus von St. Servatius befindet sich der Zitter, ein gemauerter Tresor aus spätromanischer Zeit. Dieser von vier Säulen getragene kreuzgewölbte Raum birgt den Rest des einst reichen Kirchenschatzes, den Kaiser und Könige, Fürsten und auch die Äbtissinnen im Laufe der Jahrhunderte hier zusammentrugen. Die Herkunft des Wortes Zitter ist unklar, vielleicht abgeleitet vom sanctuarium centrum oder von exedra.

i Seite 34

Vieles von dem Schatz – in einem Inventar des 11. Jahrhunderts waren bereits sechsundneunzig Stücke genannt – ist mit der Zeit verschwunden. Der allmähliche Verfall des Stifts am Ende des Mittelalters und die Geldsorgen der Abtei im 14. und 15. Jahrhundert führten dazu, dass wertvolle Teile verkauft wurden. Die Äbtissin Anna Sophie I. bereitete 1668 sogar die Veräußerung des gesamten Schatzes vor, um die Not des Stifts zu lindern. Zum Glück kam der Verkauf nicht zustande.

Als Quedlinburg 1807 zum Königreich Westfalen gehörte, wurden die Kleinodien, insgesamt fünfzig Nummern, dem „Orden der Krone" überwiesen und 1812 in das Kasseler Museum überführt. Doch schon Ende 1813 kamen sie mitsamt dem ebenfalls geraubten Halberstädter Domschatz vorerst nach Halberstadt zurück. Allerdings fehlten unter anderem vier vergoldete silberne Becher und vier große silberne Armleuchter, die Jérôme, König von Westfalen, hatte einschmelzen lassen. Nach eifrigem Bemühen des damaligen Superintendenten Dr. Fritsch konnte ab 1820 der Schatz wieder in der Stiftskirche zu Quedlinburg bewundert werden.

Während des Zweiten Weltkrieges wegen möglicher Bombenangriffe in sechzehn Kisten sicher verpackt, lagerte der Stiftsschatz – heute zumeist Domschatz genannt – zusammen mit anderen Quedlinburger Kunstschätzen in den geräumigen Höhlen der Altenburg. Die Amerikaner entdeckten kurz nach ihrem Einmarsch im April 1945 die Höhle mit ihrem kostbaren Inhalt.

Den jungen Oberleutnant Meador und seine Einheit betraute man mit dem Schutz der Kunstschätze. Damit hatte man offensichtlich den Bock zum Gärtner gemacht, denn Oberleutnant Meador entwendete aus einigen Kisten zielgerichtet das Wertvollste und brachte es auf aben-

Nachdem die Amerikaner abgerückt waren, überprüfte man die Kisteninhalte mit den Inventarlisten des Schatzes. Das Entsetzen war groß, als man feststellen musste, dass vierzehn der kostbarsten Stücke, darunter das einmalige Samuhel-Evangeliar aus dem 9. Jahrhundert, das Reliquiar Heinrichs I. und dessen elfenbeinerner Haarkamm, fehlten.

teuerliche Weise per Militärpost in seine Heimat nach Texas.

Über vierzig Jahre galten die Teile als verschollen. Erst als die Erben Meadors das Samuhel-Evangeliar verkaufen wollten, konnte der Kunstraub aufgedeckt werden. Nach amerikanischem Recht war die Angelegenheit allerdings schon verjährt, weshalb es mit der Familie Meador zu einem Vergleich kam, in dessen Folge zehn der gestohlenen Objekte von Deutschland zurückgekauft wurden. Interessant ist auch, dass die US-Armee bereits 1945 über den Fall des geplünderten Domschatzes Bescheid wusste und sich gar in einem Bericht im Jahre 1947 selbst der Tat bezichtigte. Allerdings sind diese Akten erst seit einigen Jahren öffentlich zugänglich.

Seit Herbst 1993 ist der Quedlinburger Domschatz, nachdem er im Berliner Kunstgewerbemuseum gründlich restauriert wurde, mit fast all seinen Teilen vereint wieder am angestammten Ort, dem Zitter der Quedlinburger Stiftskirche, zu besichtigen.

Herausragende Einzelstücke:

⇨ **Kanaa-Krug** (Ägypten/1. Jh. nach Christi)
⇨ **Reliquienbehälter** aus Bergkristall, u. a. ein Flakon mit stilisierten Vögeln (Ägypten/10. Jh.)
⇨ **Reliquienkasten Ottos I.** (um 870)
⇨ sogenannter **Heinrichskamm** (7. oder 8. Jh.) aus Elfenbein mit später ergänzter Goldmontierung
⇨ **Reliquienkasten Heinrichs I.** (10./11. Jh.) mit Elfenbeinreliefs (Christusszenen) und Walrosszahnreliefs (sitzende Apostel)
⇨ **Äbtissinnenstab**, mit Goldblech beschlagen (10. Jh.)
⇨ **Samuhel-Evangeliar**, eine karolingische Pergamenthandschrift mit prachtvollem Buchdeckel.

Im Obergeschoss über dem heutigen Eingangsbereich der Kirche befindet sich der **Teppichsaal**. Er ist eigens für die fünf noch erhaltenen Bruchstücke eines romanischen Knüpfteppichs hergerichtet worden. Sie gehörten zu einem 7,50 mal 6,00 Meter großen, für den Hohen Chor bestimmten Bildteppich. Gestiftet hatte ihn die Äbtissin Agnes II. von Meißen (1184-1203).

Die Motive zu den Bildern sind den ersten beiden Büchern des Satiricon „De nuptiis Philologiae et Mercurii" (Die Vermählung der Philologie mit Merkur) von Marcianus Capella (um 470) entlehnt. Dieses im Mittelalter allgemein beliebte Traktat wurde als ein Lehrbuch ersten Ranges angesehen.

Der um 1200 entstandene Quedlinburger Teppich zählt zu den wohl bedeutendsten textilen Kunstwerken romanischer Zeit. Er ist der älteste erhaltene Knüpfteppich des Abendlandes und zeugt von hohem künstlerischen Können sowie technischer Perfektion. Dass überhaupt noch Teile dieses Teppichs erhalten sind, grenzt beinahe an ein Wunder, da er in späterer Zeit einfach in Stücke geschnitten wurde. 1832 fand man die auch als Fußmatten genutzten Teile in der Stiftskirche.

i Seite 34

Quedlinburger Domschätze: Teil des romanischen Knüpfteppichs (Seite 24) sowie der sogenannte Heinrichskamm aus Elfenbein (unten links) aus dem 7. oder 8. Jahrhundert und ein Großer Bergkristall-Flakon (unten rechts) aus dem 10. Jahrhundert

Schloss und Schlossmuseum

Die Wohngebäude der Burg, also das Schloss, wurden im Laufe der Jahrhunderte häufig umgebaut. Von der mittelalterlichen Burg zur Blütezeit des Stifts blieb in seiner ursprünglichen Ausdehnung nur der innere Bereich erhalten. Die ersten steinernen Wohngebäude entstanden wahrscheinlich bereits im 10. Jahrhundert.

Seite 34 ℹ

Geschichtliches. Nach dem Testament Kaiser Ottos IV. (um 1177-1218) wurde die Burganlage abgetragen und ihr Besitz dem Stift überwiesen. Dabei handelte es sich um die alte Burg Heinrichs auf der äußersten Ostecke des Felsens. Später nahm diese Stelle die Propstei ein. Allerdings brannten deren Gebäude am 20. Juli 1846 nieder.

Im 15. und 16. Jahrhundert wurde die Burg zu einem Renaissanceschloss umgebaut. Nach der Auflösung des Stifts 1803 fiel das Schloss an den preußischen Staat, der die Räume als Verwaltungssitz nutzte.

In der kurzen Zeit, in der Quedlinburg unter der Herrschaft des jüngeren Napoleonbruders Jérôme stand, verlor das Schloss sein gesamtes Inventar. Ständig in Geldnot ließ Jérôme noch kurz vor dem Ende seiner Herrschaft 1813 in einer großen Auktion alles versteigern. Von den Möbeln und Kunstgegenständen, die Quedlinburger Familien erworben hatten, kehrten einige im Laufe der Zeit als Leihgaben oder Schenkungen ins Schlossmuseum zurück.

Schlossmuseum. Im Jahre 1928 erwarb die Stadt Quedlinburg das Schloss und eröffnete am 8. Mai 1929 das Museum im Nordflügel. Es beeindruckt heute mit seiner **Sammlung der Regionalgeschichte,** angefangen von der Vor- und Frühgeschichte, über die Pfalz- und Stiftsgeschichte bis hin zur Stadtgeschichte.

Außerdem können die Stiftsküche und die Bäckerei sowie die restaurierten **Prunkgemächer** besichtigt werden. Diese Repräsentations- und Wohnräume im oberen Stockwerk erstrahlen mit schönen Stuckdecken von Carlo Rossi und Michael Caminada (1720-1730), gemusterten Parkettfußböden und edlen Seidentapeten. Diese Prachtsäle geben durch die Einrichtung mit historischen Gemälden und Möbeln (überwiegend Barock und Empire) einen Einblick in die adlige Wohnkultur des 17. und 18. Jahrhunderts.

Wegen *Sanierungs- und Umbauarbeiten* ist das Schloss ab 3. Februar 2020 für mindestens zwei Jahre nicht geöffnet. Es werden dabei für Schloss und Stiftskirche unter anderem ein gemeinsamer Eingangsbereich und ein Gesamtrundgang sowie Barrierefreiheit geschaffen. Stiftskirche und Schatzkammern bleiben geöffnet.

Nicht alle Einrichtungsgegenstände sind allerdings original.

Seit einigen Jahren ist auch das **_ottonische Kellergewölbe_** saniert und mit Exponaten und Informationen zur Pfalzgeschichte in die Museumsausstellung integriert. So kann man hier unter anderem die ältesten Stuckreste des deutschsprachigen Raums (10. Jahrhundert) bewundern. Auch wird davon berichtet, wie die Nationalsozialisten Quedlinburger Geschichte für Ihre Zwecke missbraucht haben.

Eine Attraktion im Schlossmuseum stellt der sogenannte **_Raubgrafenkasten_** dar, ein besonderes Schaustück mittelalterlicher Justiz. Bis 1955 stand dieser Kasten – sozu-

Dicke Fichtenbohlen sind recht flott zu dem 2,75 x 2,35 x 2,00 Meter großen Raubgrafenkasten zusammengeschlagen.

Barocker Saal im Schlossmuseum

Terrassengarten

sagen eine separate Gefängniszelle – auf dem Dachboden des Rathauses. Während des Mittelalters gab es ähnliche Kästen in vielen deutschen Städten. Inzwischen ist jedoch der Quedlinburger der einzige, der die Zeiten überdauert hat. Dass der Regensteiner Graf Albrecht II. hier jemals eingepfercht war, dürfte mehr der Sagenwelt entspringen. Und trotzdem, da es so schaurig schön und herzergreifend ist, wird es gern geglaubt (Näheres dazu im Kapitel Geschichte, Seite 6).

Auf dem südöstlichen Plateau des Schlossbergs, direkt am heutigen Schlosskrug, wurde im Jahr 1846 auf einer zuvor bebauten Fläche von etwa einem Hektar ein malerischer *Terrassengarten* angelegt – eine grüne Oase neben den imposanten historischen Gemäuern. Barocke Putten, die bereits um 1740 in Sandstein geschlagen wurden, symbolisieren die Jahreszeiten. Historische steinerne Bänke laden zur Rast. Egal wohin man sich auf dem Plateau des Gartens wendet, überall bietet sich ein wunderschöner Blick auf die Dä-

cher und Türme des tausendjährigen Quedlinburgs.

Bevor es in die Altstadt hinabgeht, empfiehlt sich ein Blick durch die farbenfrohe Holztür (1632) des Schlosskrugs in dessen Bohlenstube (1613) mit vegetabiler Ornamentik.

Direkt oberhalb der Häuserzeile Am Schlossberg erstreckt sich den Hang hinauf ein nicht öffentlich zugänglicher idyllischer Garten. Eine kleine versteckte *Öffnung in der Schlossmauer* diente einst den Schlossbewohnern als Notausgang. Der Durchbruch führt in ein Tonnengewölbe, das unter dem heutigen Schlosskrug liegt. Früher war dies für die dort wohnenden Kinder ein abenteuerliches Spielgelände. Während des Zweiten Weltkrieges nutzten Anwohner das niedrige Gewölbe sogar als Behelfsluftschutzbunker.

An der Südseite des Burgbergs gedeihen an der Wassertorstraße seit 2004 an einem neu angelegten städtischen *Weinhang* neunundneunzig Rebstöcke der schon aus dem 11. Jahrhundert bekannten Weißweinsorte Gewürztraminer.

Klopstockhaus

Unterhalb der Burg steht auf einem kleinen Platz mit dem für Quedlinburg bis heute typischen Kopfsteinpflaster ein stattliches Patrizierhaus mit Säulenportikus. Es wurde in der zweiten Hälfte des 16. Jahrhunderts für eine wohlhabende Bürgerfamilie errichtet. Mit seinen geschnitzten Saumschwellen und den Palmetten in den Brüstungsfeldern ist es ein schönes Beispiel für den niedersächsischen Fachwerkstil in der Weltkulturerbe-Stadt.

Das Wohnhaus. Friedrich Gottlieb Klopstock wurde am 2. Juli 1724 als erstes von siebzehn Kindern in dem Haus geboren, das von 1702 bis 1817 seiner Familie gehörte. Der Großvater des berühmten Dichters hatte das Haus erworben und seinem Sohn Gottlieb Heinrich vererbt. Nach dem Tod der Eltern (Gottlieb Heinrich 1756 und Anna Maria 1773) lebten die noch unverheirateten Schwestern in dem Haus. Bis 1809 diente es drei verwitweten Klopstockschwestern als Wohnsitz. Danach besaß es der Hauptmanneisekretär Johann Georg Karl Klopstock, der es schuldenhalber 1817 verkaufen musste.

Das Museumshaus. Nach mehrmaligen Eigentümerwechseln erwarb 1897 der Quedlinburger Magistrat das Haus bei einer Zwangsversteigerung. Damit löste die Stadt ihr Versprechen ein, die Klopstockforschung im Sinne des 1896 aufgelösten Klopstockvereins fortzusetzen.

Alle nachweislich späteren Einbauten wurden entfernt und morsche Holzsäulen durch steinerne ersetzt. Der größte und schönste Raum erhielt wieder seinen ursprünglichen grünen Wandanstrich und wurde mit der darin erstmals gezeigten

Klopstocksammlung zur Keimzelle des Museums. Ein Ausschuss unter Leitung des Stadthistorikers Professor Selmar Kleemann erarbeitete die Einrichtung des Gebäudes nach alten Plänen. 1899, anlässlich des 175. Geburtstages Klopstocks, konnte das Museum eröffnet werden.

Klopstocks 250. Geburtstag war in den 1970er Jahren Beweggrund, die Exposition umzubauen und zu erweitern. Der 275. Geburtstag des Dichters bot erneut Anlass, das Haus zu sanieren und zu restaurieren.

ℹ Seite 34

Klopstockhaus

Eine Anekdote berichtet, Klopstock habe bereits als Fünfjähriger mit Vorliebe in Hexametern gesprochen. Als seine Mutter ihm deshalb einst genervt eine Ohrfeige verpasste, soll dieser sich schluchzend in den Hausflur gehockt haben. Was er dabei beobachtete, habe er sofort wieder hexametrisch kundgetan: „Mutter, da kollert die Katze den Käse die Treppe hinunter." Klopstock wurde zwar berühmt, aber das große Publikum erreichte er nicht. Dies veranlasste Gotthold Ephraim Lessing zu dem zutreffenden Epigramm: „Wer wird nicht einen Klopstock loben? Doch wird ihn jeder lesen? – Nein! Wir wollen weniger erhoben und fleißiger gelesen sein."

Seite 34

Die Ausstellung. Das Museum informiert seit 1999 auf vergrößerter Ausstellungsfläche über Leben und Werk des berühmten Sohnes der Stadt und über weitere Quedlinburger Persönlichkeiten, wie Dorothea Christiana Erxleben und Christoph Friedrich GutsMuths. Mit interaktiven und audiovisuellen Angeboten wurde die Schau 2019 modernisiert.

Klopstocks Werke wurden von seinen Zeitgenossen mit Begeisterung und Hochachtung aufgenommen, und keiner der großen Klassiker konnte sich seinem Einfluss entziehen. Es gab regelrechte „Klopstock-Fan-Gemeinden". Klopstocks Oden, aber besonders sein Epos „Der Messias" erregten und erschütterten die Leser. Berühmte Komponisten, wie Karl Philipp Emanuel Bach und Christoph Willibald Gluck, vertonten viele seiner Dichtungen.

Friedrich Gottlieb Klopstock starb am 14. März 1803 in Hamburg, wo er auch zur letzten Ruhe gebettet wurde. Seine Vaterstadt errichtete ihm zu Ehren 1831 im Brühl ein Denkmal.

Seite 80

Fachwerkhäuser an der Westseite des Schlossberges

Lyonel-Feininger-Galerie

In Nachbarschaft der Klopstockhauses befindet sich seit 1986 die Lyonel-Feininger-Galerie. Sie beherbergt den umfangreichsten geschlossenen Bestand von Grafiken dieses bedeutenden Künstlers der „Klassischen Moderne" in Europa. Die Geschichte dieser einzigartigen Sammlung und ihr Weg nach Quedlinburg können gleichsam als Sinnbild für die Wirren des 20. Jahrhunderts gelten.

Lebensstationen. Nach seiner Ausbildung an der Kunstgewerbeschule Hamburg und der Akademie in Berlin debütierte der deutsch-amerikanische Maler und Grafiker *Lyonel Feininger (1871-1956)* zunächst als Illustrator und Karikaturist. Bekannt wurden vor allem seine Comic strips „The Kinder-Kids" und „Wee Willie Winkie's World", die er für die „Chicago Sunday Tribune" entwarf.

Ab 1913 stand er der Bewegung des „Blauen Reiters" nahe. Angeregt vom Kubismus malte Feininger vor allem Straßen-, Architektur-, Schiffs- und Seebilder, die aus prismatisch gebrochenen, überblendeten Formen in transparenten Farben komponiert sind.

Von 1919 bis 1933 wirkte er als Lehrer am Bauhaus in Weimar und in Dessau. Nachdem seine Bilder von den Nationalsozialisten als entartete Kunst deklariert worden waren, kehrte er 1937 in die USA zurück.

Quedlinburger Sammlung. Ein Schüler Feiningers, der Quedlinburger *Hermann Klumpp*, rettete fünfzig Ölbilder und einen reichen Fundus an Grafiken vor dem Zugriff der Nationalsozialisten und damit vor der sicheren Vernichtung. Fünfzig

i Seite 34

Jahre hütete Dr. Hermann Klumpp diesen Schatz in seiner Quedlinburger Wohnung. Zu DDR-Zeiten blieb die einzigartige Sammlung lange Zeit ein Geheimtipp für Studenten und Kunstliebhaber.

Erst als die amerikanischen Erben Feiningers Hermann Klumpp auf die Herausgabe der Bilder, die er unter Einsatz seines Lebens vor der Vernichtung bewahrt hatte, verklagten, nahm auch der Staat offiziell Kenntnis von diesem Kleinod. Die Erben und Hermann Klumpp einigten sich schließlich in einem Vergleich. Das Gros der Ölbilder ging in die USA und wurde dort versteigert, die Grafiken allerdings durfte Klumpp behalten.

Dies sind Werke, die in den Jahren zwischen 1906 und 1937 entstanden sind, darunter das bedeutende „Selbstbildnis mit Tonpfeife" (1910) und das nicht minder berühmte „Vollersroda I" (1912). Ergänzt wird die Sammlung durch Arbeiten anderer *Künstler der Klassischen Moderne*, wie Lovis Corinth, Paul Klee, Wassily Kandinsky oder Emil Nolde. Eine kleine Sensation ist das jüngst aufgefundene *Skizzenbuch Feiningers* von 1905. Es wird seit März 2014 in der neuen Dauerausstellung im Obergeschoss des Neubaus präsentiert.

Galerie. Als die offizielle Kulturpolitik der DDR auch die „Klassische Moderne" als bewahrenswertes Erbe anerkannte, billigte man Klumpp ein angemessenes Ausstellungsgebäude zu. Er bestimmte jenes neoklassizistische Gebäude am Finkenherd, das einst einem Sämereibesitzer als Naturkundeschauraum gedient hatte. Die Galerie wurde *1986 eröffnet*.

Schon bald reichten aufgrund des großen Zuspruchs die räumlichen Gegebenheiten nicht mehr aus. Es entstand 1993 bis 1997 der *Erweiterungsbau* des Northeimer Architekten Roman Graf, der mit Mitteln moderner Architektur eine Verbindung zwischen dem neoklassizistischen Stammhaus und den angrenzenden Fachwerkbauten schuf. Der Feininger-Galerie stehen damit etwa eintausend Quadratmeter zur Verfügung, die sich museumstechnisch auf dem neuesten Stand befinden. In den Fachwerkgebäuden des „multifunktionalen Kulturzentrums" richteten unter anderem Künstler ihre Ateliers ein.

Die Dauerausstellung zeigt immer nur einen Teil des Bestandes, weil die Grafiken auf lichtempfindlichem Papier gefertigt worden sind. Die Präsentation wechselt vierteljährlich. Dadurch sind etwa einhundert verschiedene Werke Feiningers pro Jahr zu sehen.

Besucher betreten das Gelände durch die mächtige Toreinfahrt des restaurierten Gebäudes *Schlossberg 11*. Bei dem zweigeschossigen Fachwerkbau aus der Zeit um 1660 handelt es sich um das ehemalige Abteivorwerk der Stiftsdamen. Auf der Westseite des Innenhofs blieben weitere zweigeschossige Nebengebäude (um 1660) erhalten.

Lyonel-Feininger-Galerie

Finkenherd

Hier, am Finkenherd sollen dereinst Boten den auf der Vogeljagd befindlichen Heinrich getroffen haben, um ihn über seine neue Würde zu informieren. Ganz so kann es nicht gewesen sein, denn Heinrich wusste längst von seinem Glück. Er war schließlich bei der Königswahl in Fritzlar anwesend.

Dennoch dichtete Johann Nepomuk Vogl, ganz im Stil der Wiener Spätromantik, wie der Sage nach Heinrich aus dem Geschlecht der Liudolfinger zum deutschen König gekrönt worden sei:

„Herr Heinrich sitzt am Vogelherd Recht froh und wohlgemut; ..."

Zum Kaiser jedoch, wie Vogl an anderer Stelle seines Gedichtes fabulierte, hat es Heinrich nie gebracht.

Das kleine Fachwerkhaus ***Finkenherd 1*** (Foto S. 93) entstand zwischen 1500 und 1530. Zuvor befand sich an diesem Ort der Kirchhof des St.-Johannis-Hospitals. 1815 wurde hier der spätere Landschaftsmaler Wilhelm Steuerwaldt geboren. Er schuf über 200 Bilder, vorwiegend mit romantischen Motiven Quedlinburgs.

Aufgeführt ist das Haus auf einem Sandsteinsockel. Die Fachwerkständer des Gebäudes umfassen beide Geschosse. Zwischen den Ständern sorgen Riegel und Streben für die Steifigkeit der Konstruktion. Das steile Satteldach auf der Westseite des Hauses ragt über die Fassade hinweg in den Straßenraum. Der Südgiebel ist gleichzeitig die Trennwand zum Haus Finkenherd 2.

Am Finkenherd

Adressen und Öffnungszeiten

Stiftskirche St. Servatii und Domschatz *www.die-domschaetze.de*
Schlossberg 9, Tel.: (03946) 709900, Fax (03946) 524379
Öffnungszeiten: April bis Oktober Di bis So/Feiertag 10 - 18 Uhr (Konzertsamstage bis 15.30 Uhr), November bis März Di bis So/Feiertag 10 - 16 Uhr; Mo und am 24.12./25.12./1.1. geschlossen, *Führungen* nach Voranmeldung

Schlossmuseum
Schlossberg 1, Tel.: (03946) 905681
Öffnungszeiten: April bis Oktober Di bis So 10 - 18 Uhr, November bis März Di bis So 10 - 16 Uhr; Mo und am 24.12./25.12./1.1. geschlossen
Achtung! Ab 3.2.2020 wegen Umbau und Sanierung voraussichtlich bis 2022 geschlossen. Geplant ist, während der Bauphase die Öffnungszeiten des Klopstockhauses zu erweitern. Infos unter: *www.quedlinburg.de*

Museum Klopstockhaus mit Erxleben-Zimmer
Schlossberg 12, Tel.: (03946) 2610 oder 905691
Öffnungszeiten: April bis Oktober Mi bis So 10 - 17 Uhr, November bis März geschlossen, geöffnet nur an den Adventswochenenden Sa/So 10 - 16 Uhr

Lyonel-Feininger-Galerie *www.feininger-galerie.de*
Finkenherd 5a, Tel.: (03946) 689593-0
Öffnungszeiten: April bis Oktober Mi bis Mo und Feiertage 10 - 18 Uhr, November bis März Mi bis Mo und Feiertage 10 - 17 Uhr, Di und 24.12., 31.12. und 1.1. geschlossen
Spezielle Familienangebote und Kunstkurse (aktuelles Programm im Internet)

Tourist-Informationen

 Quedlinburg-Information *www.quedlinburg.de*
Markt 4, 06484 Quedlinburg
Tel. (03946) 905-624, Fax: (03946) 905-629, Email: qtm@quedlinburg.de
Öffnungszeiten:
April bis Oktober Mo bis Sa 9.30 - 18, So 10 - 15 Uhr, November bis März Mo bis Do 9.30 - 17, Fr/Sa 9.30 - 18 Uhr, Sonderregelungen an Feiertagen und im Advent
Öffentliche Stadtführungen (circa 2 Stunden):
täglich um 11 Uhr sowie von April bis Oktober zusätzlich um 14 Uhr
Nachtwächterführung (1,5 Stunden) von April bis Oktober Mi bis Sa um 20 Uhr sowie November bis März Fr und Sa um 18 Uhr. Gruppenführung nach Vereinbarung.
Treffpunkt für alle Führungen: Markt 4

Quedlinburger Stadtinformation *www.quedlinburger-stadtinformation.com*
Markt 3, 06484 Quedlinburg, Tel. (03946) 689 595-0
Fax: (03946) 689 595-95, Email: info@quedlinburger-stadtinformation.com
Öffnungszeiten: täglich 9.30 - 20 Uhr, *Fotoausstellung* „Quedlinburg zur Wende"
Öffentliche Stadtführungen: täglich 11 und 14 Uhr
Nachtwächterrundgang April bis Dezember täglich 20 Uhr, Januar bis März Do bis Sa 18 Uhr, Sonderführung nach Vereinbarung

Adelshof

In der Altstadt
unterwegs

Marktplatz

Entstehung. Schon König Otto III. verlieh seiner Tante, der Äbtissin Mathilde, am 23. November 994 das Recht, an der Quitilingaburg einen Markt einzurichten. Das war nicht irgendein Provinzmarkt, schließlich bezeichnete Otto Quedlinburg als die „Metropole des Reiches". Und so stattete er den Markt mit den gleichen Privilegien aus, wie sie die großen Märkte in Köln oder Magdeburg besaßen.

Nordöstlich des Burgbergs wurde daraufhin für die Händler und Kaufleute ein Anger bestimmt, der bald Mittelpunkt der wachsenden Stadt war. Hier kreuzten sich zwei wichtige Handels- und Verkehrswege: die alte Reichsstraße von der Pfalz Goslar über Halberstadt und Gernrode zur damals ebenfalls wichtigen Kaiserpfalz Tilleda sowie die Straße nach Magdeburg beziehungsweise nach Halle und Leipzig. Die Kaufleute machten gute Geschäfte und damit klingelte es auch in der Kasse der Äbtissin.

Die Handelsfreiheiten wurden durch Konrad II. 1038 und Heinrich III. 1040 sogar noch erweitert. Fortan durfte die Quedlinburger Kaufmannschaft im ganzen Reich Handel treiben. Reichtum und Wohlstand vermehrten sich, gleichzeitig auch das Selbstbewusstsein der Bürger gegenüber ihrer Schutzherrin, der Äbtissin, wovon das prächtige steinerne Rathaus mit dem davor aufgestellten Roland ein beredtes Beispiel gibt.

Einem **Marktmeister** war die Oberaufsicht anvertraut. Ihm oblag es, die Geschäfte zu überwachen und dem Rat Betrügereien zu melden. Denn immer wieder musste der Rat gegen das sogenannte „Übersetzen" einschreiten, dem Überteuern der Waren durch nicht vom Rat genehmigte Maße. Beispielsweise wurde den Töpfern und Seilern 1661 gedroht, wenn sie ihre Waren nicht „dauerhaftiger und besser" produzierten, fremde Waren „allhier öffentlich feil zu haben" und die Übeltäter außerdem noch streng zu bestrafen.

Bedeutung. Wer früher etwas verkaufen wollte, durfte dies nur auf dem Markt; in den Gassen war der Handel untersagt. Damit herrschte an diesem Ort stets ein reges Treiben. Hier fanden ebenso politische Versammlungen, Gerichtstage und Hinrichtungen statt.

Gleichzeitig war dies der Platz, an dem alle öffentlich der Äbtissin huldigen mussten. Die Bürger hatten sich in der betreffenden Huldigungswoche „anheischig" zu machen und durften die Stadt ohne Erlaubnis nicht verlassen. Diese Huldigungsprozedur wurde nach einer traditionellen Formel aus dem Mittelalter bis zur endgültigen Auflösung des Stifts 1802 geleistet.

Hausnummern Markt

1 **Rathaus (17. Jh)**
2 **Grünhagenhaus (1701)**
3 **Wohn- und Geschäftshaus (1895)**
4 **ehemaliges Mode-Kaufhaus (1907)**
5 **Wohnhaus (16. Jh)**
6 **Wohnhaus (16. Jh)**
7 **Wohnhaus (16. Jh, 1850 verändert)**
8 **Hotel „Zum Bär" (1748)**
9 **Anbau Hotel „Zum Bär" (1840)**
10 **Wohn- und Geschäftshaus (1864)**
    ehem. Gasthaus „Stadt Frankfurt"
11 **Wohnhaus (1976)**
12 **Wohnhaus (16. Jh, 1850 verändert)**
13 **ehemaliges Lohgerberhaus**
14 **(Nr. 13 von 1668, Nr. 14 um 1660)**
15 **Wohnhaus (1934/35) ehemaliges**
    Gasthaus „Güldener Stern"
16 **Wohn- und Geschäftshaus (1895),**
    vormals hier Ratskeller

Die erste urkundliche Erwähnung von Marktständen der Woll- und Leinenverkäufer und der Kürschner stammt von 1134. Auf dem Marktplatz fanden die Wochenmärkte dreimal wöchentlich statt. Esswaren, Hüte, Seife, Spielzeug und hölzerner Kleinkram wurden hier feilgeboten.

Es gab noch *andere Märkte*, die aber nicht auf dem Marktplatz abgehalten werden durften. Der Rat wies dafür einen Platz zu, so den Blasiikirchhof für den Trödel- oder Kleidermarkt. Es gab zudem einen Kornmarkt; mit Brennholz, Torf und Stroh handelte man in der Weberstraße, und den Rindermarkt fand man hinter dem Rathaus, wo auch die Äpfel- und Kohlhoken saßen.

Es ist heute schwer vorstellbar, dass noch vor rund einhundertsiebzig Jahren der Marktplatz von zwei kleinen, stinkenden Kanälen umflossen war, über die fünfzig sogenannte „Springsteine" führten. Ausgehend vom Mühlgraben an der Steinbrücke verlief der Kanal vor den Häusern durch die Breite Straße und dann westlich durch die Schmale Straße zurück zum Mühlgraben.

Immer wieder hat der Rat der Stadt schwere Strafen verfügt, um der Verunreinigung der „Flete" durch die Anwohner und Markttreibenden Herr zu werden. Doch offensichtlich mit geringem Erfolg, denn im 19. Jahrhundert wurde die „Flete" endgültig zugeschüttet.

Wie es der Bedeutung eines Marktes zukommt, stehen an ihm die namhaftesten Gebäude der Stadt. Die ältesten und stattlichsten unter ihnen stammen aus dem 16. Jahrhundert, wie die Gildehäuser Markt 5 und Markt 13/14.

Lohgerber-Gildehaus

1763 erwarben die Lohgerber die Häuser am Markt 13/14 und richteten hier ihr „Vereinshaus" ein. Die Gildemitglieder trafen sich zu Versammlungen, benutzten die Räume aber auch, um Geschäfte zu machen. Die heutigen Besitzer ließen nach 1990 den Gebäudekomplex restaurieren und eröffneten darin ein Hotel.

Recht lange waren die Lohgerber mit der Gilde der Schuhmacher verbunden, denen sie das Leder für die Schuhfertigung lieferten. In der Lohe, in der zermahlene Gerbrinde mit anderen Pflanzenstoffen gemischt war, wurden die Tierhäute so gegerbt, dass sie der Schuhmacher weiterverarbeiten konnte.

Haus Grünhagen

Auf der anderen Seite des Marktes, an der Einmündung zur Breiten Straße, befindet sich das „Haus Grünhagen" (Markt 2). Über dem Portal steht die Jahreszahl 1701. Dieses spätbarocke Patrizierhaus, das heute die Verwaltung der Stadt nutzt, gehört zu den schönsten am Platz. Hinter der mächtigen Tür verbirgt sich eine geräumige Tordurchfahrt, die es einem beladenen Pferdefuhrwerk ermöglichte, unbeschadet auf den Hof zu gelangen. Dort konnten dann die Waren entladen und auf den Speicher gebracht werden. Eine hölzerne Treppe, von einem schildhaltenden Löwen bewacht, schwingt sich zum Obergeschoss empor.

Marktplatz mit Hoken 1 (links), Rathaus und Haus Grünhagen (rechts)

Lohgerber-Gildehaus

Steinbrücke

Zwischen Markt und Word überquert eine Brücke das Bode-Sumpfland und ermöglicht seit dem 13. Jahrhundert einen trockenen Zugang zum Markt. Auch wenn der Quedlinburg-Besucher ein solches Bauwerk nicht zu entdecken vermag, es existiert – aus zwanzig Bögen, rund sieben Meter breit und etwa einhundert Meter lang! Der Bogendurchmesser beträgt 2,70 Meter; damit werden von Pfeiler zu Pfeiler vier Meter überspannt.

Fuhrwerke konnten die Brücke aus harten Kalksteinen stets sicher befahren. Im Laufe der Zeit senkte sie sich und verschwand schließlich vollständig im Erdreich. Die Gewölbe dienten später errichteten Häusern als Keller. Beim Bau der städtischen Wasserleitung im Jahre 1880 entdeckte man die Brücke wieder.

Hotel „Zum Bär"

Am Markt 8/9 steht das Hotel „Zum Bär". Der 1748 errichtete Steinbau erhielt 1840 den südlichen Anbau in Fachwerk; allerdings wurde die Fassade verputzt. Über der Toreinfahrt prangt das schmiedeeiserne Hauszeichen von 1798.

Theodor Fontane, Heinrich Heine und Goethe logierten auf ihren Harzreisen in dem Haus. Ein anderer, heute fast vergessener Schriftsteller, Julius Wolff, erblickte hier 1836 das Licht der Welt (Gedenktafel). Mit seinen historischen Erzählungen und Romanen gehörte er am Ende des 19. Jahrhunderts zu den Publikumslieblingen. Seiner Heimatstadt setzte er mit dem Roman „Der Raubgraf" ein besonderes literarisches Denkmal.

Die Skulptur vor dem Haus schuf 1979 der Quedlinburger Bildhauer Wolfgang Dreysse und erinnert so an die Musikanten vom Münzenberg.

Hotel „Zum Bär"

Historisches Rathaus

Ähnlich wie in anderen mittelalterlichen Städten bildet in Quedlinburg der Markt mit dem Rathaus und der Marktkirche ein einzigartiges, charakteristisches städtebauliches Ensemble. Den Gesamteindruck bestimmt dabei ganz wesentlich die repräsentative Südseite des Rathauses. Mit seinem im Sommer grünen und im Herbst bunten Weinlaub bietet es einen überaus romantischen und malerischen Anblick.

Seite 76

Baugeschichte. Das Rathaus wurde erstmalig 1310 in einer Urkunde als „domus consulum" erwähnt. 1441 ist von einem „radhus" die Rede. Bis 1616 befand sich der Haupteingang im westlichen Giebel. Dann musste die Ratsapotheke auf der Südseite dem Prunkportal weichen. Mit diesem Umbau von 1616, bei dem auch alle gotischen Spitzbogenfenster entfernt wurden, erhielt das Hauptgebäude im Wesentlichen sein heutiges Aussehen.

In den Jahren 1898 bis 1901 entstand auf der Nordseite noch ein *Anbau*, für den das nachweisbar älteste Haus Quedlinburgs, und zwar Hoken 7, geopfert wurde. Der Erweiterungsbau trägt im oberen Ziergiebel an der Breiten Straße Portraits der Bauherren. Trotz der denkmalpflegerischen Freveltat beim Abriss von Hoken 7 fügt sich der Anbau recht harmonisch ins Gesamtbild ein und beeinträchtigt das Hauptgebäude nicht.

Festsaal im Rathaus

Baubeschreibung. An der Kreuzung der beiden alten Handelsstraßen errichtet, folgt der Grundriss des Rathauses dem Straßenverlauf. Dies ist sehr gut an dem Ostgiebel erkennbar, der parallel zur Straße steht. Das fünfundzwanzig Meter breite und siebzehn Meter hohe Gebäude gliedert sich in zwei Geschosse. Das steile Satteldach wird von wenigen Dachfenstern aufgelockert.

Die Fenster strukturieren harmonisch die breite Fassade, deren Mitte ein giebelgekröntes *Renaissanceportal* aus dem Jahre 1616 betont. Für das Portal bekam der Steinmetz, wie aus den Ratsakten hervorgeht, zweiundvierzig Taler und achtzehn Groschen. Die Figur über dem Wappenadler stellt die ihr Füllhorn ausschüttende Göttin des Überflusses Abundantia dar.

Über der Tür befindet sich der schwarze Reichsadler mit roter Zunge und roten Fängen. Er trägt auf seinem Brustschild das *Stadtwappen Quedlinburgs*. Auf rotem Grund ist ein vor einem geöffneten Tor sitzender Hund als Zeichen städtischer Wehr- und Wachsamkeit zu sehen. In dieser Form existiert das Wappen seit 1570. Adlerdarstellungen auf mittelalterlichen Wappen symbolisierten die alleinige Unterstellung der Stadt unter die Hand des Kaisers. Dies allerdings blieb für die Quedlinburger nur ein frommer Wunsch.

Eine Tafel links neben dem Portal erinnert seit 1922 an Quedlinburgs erste urkundliche Erwähnung durch Heinrich I., dessen Portrait nach einem Wachssiegel einer Urkunde von 929 angefertigt worden ist.

Renaissanceportal von 1616

An der Südwestecke des Rathauses steht der *Roland*, das alte Wahrzeichen für Marktgerechtigkeit und städtische Selbstständigkeit. Die Quedlinburger Figur ist mit ihrer Höhe von 2,75 Metern eine der kleinsten ihrer Art in Deutschland.

Ursprünglich war die Rolandssäule frei auf dem Markt aufgestellt. Nach der militärischen Niederlage der Stadt im Streit mit der Äbtissin Hedwig von Sachsen um die städtische Unabhängigkeit wurde am 11. August 1477 im Beisein der Herzöge Ernst und Albrecht von Sachsen der Roland in Teile gehauen.

Die 1860 bei Abbrucharbeiten im Ratskeller (Markt 16) aufgefundenen Fragmente der Stele wurden wieder zusammengesetzt und umfassend restauriert. Seit Frühjahr 1869 steht der Roland an heutiger Stelle.

Die Vertiefungen auf dem Schild der Steinfigur dienten einst der Befestigung einer hölzernen oder eisernen Schildplatte. Sie unterstand der Verwaltung des Marktmeisters. Ihm oblag es, die Schildplatte herauszutragen und an den Roland zu hängen, erst dann durfte das Markttreiben beginnen. Das Ende des Marktes wurde durch das Hereintragen des Schildes ins Rathaus angezeigt. Das Marktschild aus dem Jahre 1803 kann noch heute im Schlossmuseum besichtigt werden.

Der **_zweigeschossige Turm_** an der Südwestecke taucht erstmals in Ratsrechnungen von 1460 auf. In diesem spätgotischen Bauwerk verwahrte man die wichtigsten Urkunden und Geldmittel. Im Obergeschoss befand sich der geheime Schatzraum, nach seiner eigentümlichen Deckenwölbung „Kesselbude" genannt. Die Gelder für laufende Ausgaben bzw. aus Einnahmen

Der Roland

wurden in eisenbeschlagenen Kisten aufbewahrt. Im 16. Jahrhundert zierte den Turm eine Sonnenuhr, damals als „Kompass" bezeichnet. Das Zifferblatt trug das Ratswappen und vergoldete Zahlen. Auf der Marktseite war noch bis Anfang des 19. Jahrhunderts ein Halseisen angebracht, der „Kak" oder „Pranger", an dem die kleinen Diebe mitsamt ihrer Beute zur Schau gestellt wurden.

Bauuntersuchungen 1987 brachten Kenntnisse über die **_Farbgestaltung_** der Rathausfassade. Der Spiegel der Maßwerkfelder war weiß, das Maßwerk mit seinen Leibungen rot, und einige Rauten waren grau. Nach dem Umbau von 1616 erhielt die Fassade einen weiß gekalkten Rauhputz. Die Fenstergewände setzten sich durch graugrüne Farbe mit einem schmalen schwarzen Randstrich ab.

Eine Tradition, die noch von den Vorvätern herrührt, sind die im Sommer vor den Fenstern angebrachten **_Blumenkästen_**. Heute denken wir bei ihrem Anblick an eine Verschönerung des Stadtbildes, an die liebliche Atmosphäre Spitzwegscher Miniaturen. Ursprünglich dienten diese Blumenkästen einer ganz profanen Sache, nämlich der Aufzucht stark duftender Kräuter. Diese sogenannten Würzgärten sollten die oft stickige und muffige Luft in den Ratsräumen verbessern.

Gebäudenutzung. Wie die meisten mittelalterlichen Rathäuser hatte auch das Quedlinburger vielfache Funktionen als Rats- und Gerichtshaus, als Handels- und Kaufhaus und sogar als Spielhaus für „öffentliche Belustigungen". Beispielsweise wurde 1645 als große Attraktion ein ägyptischer Löwe zur Schau gestellt. In beiden Stockwerken war ursprünglich nur je ein Raum vorhanden, wobei der Bürgersaal im Obergeschoss den repräsentativen Mittelpunkt darstellte. Hier fanden Hochzeiten, Ehrenschmäuse und andere Festlichkeiten statt.

Fensterbild im Rathaus: Übergabe der Königskrone an Heinrich I. am Finkenherd

Ab 1588 wurden **Ratstage** wöchentlich dreimal abgehalten. Zur Sitzung rief die Ratsglocke im Benedikti-Kirchturm. Je nach Jahreszeit mussten die Ratsherren pünktlich um sieben oder um acht Uhr „ein jeder auf seiner Stelle sitzen", ansonsten war ein Strafgeld, Stubenarrest oder bei wiederholtem Fehlen gar Gefängnis fällig. Dies befand sich im Erdgeschoss rechter Hand und wurde als „bürgerlicher Gehorsam" bezeichnet.

Ebenfalls auf dieser Etage war die **Marktmeisterei** mit einem Raum für die Verwahrung der geeichten Maße und Gewichte untergebracht. Der Marktmeister selbst, zugleich oberster Stadtknecht, bewohnte einige Kammern auf dem Dachboden. Hier stand auch der heute im Schlossmuseum gezeigte Raubgrafenkasten.

Zwei große **bleiverglaste Rundfenster** – das eine im Festsaal mit der Szene der Übergabe der Königskrone an Heinrich I. am Finkenherd und das andere im Haupttreppenhaus mit dem Stadtwappen – wurden 1901 von Ferdinand Müller geschaffen. Die Wände des Festsaals schmücken seit dem Umbau **Historienbilder** des Berliner Malers Otto Marcus. Sie erinnern an wichtige Ereignisse aus der Geschichte der Stadt und des Reichsstifts.

i Seite 76

Historienbilder des Berliner Malers Otto Marcus im Festsaal:

⇨ Die Einführung der ersten Äbtissin, Mathilde, 966 in ihr Amt
⇨ Der gefangene „Raubgraf" wird 1337 in die Stadt gebracht
⇨ Die Heimkehr der drei Bürgermeister von einer Winterjagd
⇨ Die Unterwerfung der Stadt und der Sturz des Rolands 1477
⇨ Die Einführung der Reformation 1534 durch den Prediger Kirchhoff
⇨ Die Einnahme Quedlinburgs durch die Brandenburger 1698

Hoken und Marktstraße

Zwischen Marktstraße und Rathaus gibt es einen direkten Durchgang zur Marktkirche. Die Straßenbezeichnung Hoken erinnert an die Kleinhändler, die an diesem Ort einst ihre Waren, vor allem Lebensmittel, verhökerten. Die hier stehenden Häuser haben ihren Ursprung in den unterschiedlichen, bedeckten oder unbedeckten Ständen und Buden der Krämer. Anfang des 14. Jahrhunderts zählte man elf solcher Krämerstände. Allmählich entwickelten sie sich zu kleineren oder größeren Häusern.

Ihre Buden durften die Hoken nur mittwochs, freitags und sonnabends aufschlagen. Dabei wurde darauf geachtet, dass die Ware nicht weiter auf die Gasse gestellt wurde, als das Dach ihrer Bude reichte. Der obere Teil der Vorderwand war herunterklappbar und diente als Warentisch. Punkt zwölf Uhr, wenn der Markt schloss, wurde die Bude zusammengeschlagen. Als Zwischenhändler durften die Hoken nur zu einer ganz bestimmten Zeit auf dem Markt einkaufen und verkaufen.

Kunsthoken

Kunsthoken

Parallel zum Hoken verläuft die Marktstraße. Gleich am Anfang steht mit dem Kunsthoken ein besonders reich geschmücktes Fachwerkhaus. Michael Arendt ließ es sich bauen, direkt an die alte Marktmauer. Diese ist im Inneren deutlich sichtbar. Das Haus nimmt in seiner Vorderfront eine Änderung in der Bauflucht der Marktstraße auf.

Fächerrosetten schmücken die Fassade. Doppelte Arkaden betonen die Oberstockschwelle, ein Motiv, das erst um 1576 aufkam. So dürfte das Haus zwischen 1535 und 1576 entstanden sein. Die zweizeilige Inschrift im Zwischengeschoss enthielt auch eine Jahreszahl, doch wurde sie im 19. Jahrhundert teilweise zerstört. Unter der Vorkragung im rechten Hausteil befand sich eine Toreinfahrt, die auf den Hof des lang gezogenen Grundstücks führte.

Viele Jahre stand das verbaute und vom Verfall bedrohte Haus leer, ehe es 1976/77 restauriert und im Inneren umgebaut wurde. Bei den vorangegangenen Bauuntersuchungen fand man im Hofanbau Teile eines älteren Gebäudes sowie eine hohe Mauer mit schmalen Öffnungen an der Grundstücksgrenze und außerdem eine Querwand mit den Resten eines Kamins und einer Türöffnung. Die Fassade wurde in dem für die Bauzeit als typisch nachgewiesenen Farbkontrast Schwarz-Weiß gestrichen.

Seinerzeit wurde die Idee geboren, hier eine Galerie entstehen zu lassen und die Räume dem Kulturbund der DDR zu übergeben. Aus dieser Nutzung ergab sich der heute gebräuchliche Name „Kunsthoken".

1	**Rathaus (17. Jh)**
2	**Hoken 1 (16. Jh)**
3	**Sog. „Kunsthoken" (16. Jh)**
4	**Schneemelcher-Haus (1562)**
5	**Marktkirche St. Benedikti**
6	**Stadtpfeiferhaus (1688)**

Schneemelcher-Haus

Wenige Schritte weiter die Marktstraße entlang steht das sogenannte Schneemelcher-Haus mit der Nummer 5. Errichtet wurde es im Stil des „Niedersächsischen Fachwerkbaus". Seine prächtigen Ornamente zeugen vom Reichtum und vom Wohlstand des Bauherrn. Dieser war sich dessen durchaus bewusst, sah aber zugleich auch die Gefahren üppigen Lebens, sonst hätte er vermutlich nicht 1562 die sehr schöne Inschrift am Bau anbringen lassen: „Die Notwendigkeit lehrte das Haus zu bauen. Das führte zu stattlicher Bequemlichkeit, würde jedoch noch die Üppigkeit hinzukommen, wäre dies eine Sünde."

Schneemelcher-Haus

Marktkirche St. Benedikti

Seite 76

Baubeschreibung. Bis in die romanische Zeit geht wahrscheinlich die erste Anlage der Benediktikirche zurück. Mauerteile im Innenraum, wie die Sockelmauer der Ostwand mit der romanischen Kryptapforte im südlichen Seitenschiff, deuten auf eine dreischiffige Basilika.

In der ersten Hälfte des 13. Jahrhunderts wurde mit dem *Anbau der Türme* an die romanische Basilika begonnen. Im Verlaufe der Arbeiten vollzog sich der Übergang von der Spätromanik zur Frühgotik. Die großen Blendarkaden im Untergeschoss der Türme, die Doppelschalllöcher im Zwischenbau und die dreifach unterteilten Schalllöcher im Obergeschoss der Türme zeigen die eigenartige Mischung von romanischen Rund- und gotischen Spitzbögen.

Da die romanische Kirche den repräsentativen Anforderungen einer städtischen Pfarrkirche nicht mehr entsprach und sich als zu klein für die gewachsene Stadt erwies, begann man Anfang des 15. Jahrhunderts einen grundlegenden *Erweiterungsbau*. So entstand die heutige dreischiffige, spätgotische Hallenkirche mit ihrem mächtigen Chorraum.

In dieser Zeit erhielten die Türme auch ihre Spitzhelme. Durch einen Blitz getroffen und in Brand gesetzt wurde im 16. Jahrhundert der südliche Turmhelm. An seine Stelle kam

Die Marktkirche inmitten der Altstadt

Langhaus nach Osten

1581 ein Walmdach mit einem Dachreiter für das Stundengeläut. Den Nordturm ereilte 1701 das gleiche Schicksal, doch wurde er in der alten Form, mit Türmerwohnung, wiederhergestellt.

Der schönste Teil der Kirche ist zweifelsohne der *Chor (1410 bis 1436)* im Stil der Hochgotik, der sich bis zum heutigen Tag unverändert erhalten hat. Hängende Lilien verzieren die Rippen des Chorabschlusses. Während der Bauarbeiten gab es eine Änderung. Man entschloss sich, den Chor höher zu bauen, woraus sich der Knick der ausgeführten Rippen erklärt.

Nördlich schließt sich die *Kalandskapelle* an den Chor an. Ihr Äußeres gleicht dem des Chores, bis auf die zu Schrägen vereinfachten Fensterleibungen. Gegen Ende des 15. Jahrhunderts entstand über der Krypta die *Sakristei* mit schönem Sterngewölbe.

Das *Langhaus* war großzügig geplant und begonnen worden, konnte mangels Geldes aber nur notdürftig zu Ende gebracht werden. Denn die Stadt geriet in Fehde mit der Äbtissin Hedwig und unterlag ihr 1477. Als Strafe waren sofort eintausend Taler fällig, hinzu kam ein jährliches Bußgeld von fünfhundert Talern.

Das jetzige Aussehen der Kirche mit den Holzdecken und der überputzten, hölzernen Decke im Mittelschiff geht auf eine Generalrestaurierung in den Jahren 1868 bis 1870 zurück. 1993 wurde der stark beschädigte Dachstuhl des südlichen Langhauses saniert und neu mit Schiefer eingedeckt.

Ausstattung. Von allen Kirchen der Stadt besitzt die Marktkirche den umfangreichsten Bestand an alter Ausstattung. Herz der Einrichtung ist der *geschnitzte Hochaltar (1700 geweiht)*. Er erinnert mit seinen Säulen und Giebeln an eine antike Theaterkulisse und bildet den dekorativen Abschluss des Chores. Das Grundthema „Leben und Auferstehung" ist entsprechend dem barocken Zeitgeschmack nach Motiven des Alten und Neuen Testaments gestaltet. Die Kombination von Plastik und Gemälden gipfelt in der dramatischen Szene der Auferstehung Christi. Der Entwurf stammt von dem Architekturtheoretiker Pro-

ℹ Seite 76

> **TIPP**
>
> Der *gotische Hochaltar (um 1430/40),* den der barocke „Kulissenaltar" ersetzte, befindet sich heute in der *Ägidiikirche.* Er zählt zu den hervorragendsten Leistungen der Kunst seiner Zeit. Im Mittelpunkt der Darstellung steht eine Marienkrönung, rechts und links von drei Aposteln begleitet. Die Flügel des Altars sind ebenfalls mit Aposteln besetzt. Den jungen Mann rechts außen in der Rüstung mit Fahnenstange und Schild deuten Kunsthistoriker als Karl den Großen. Die bemalte Altar-Rückseite mit einer Kreuzigungsszene und den Heiligen Servatius und Benedictus soll ebenfalls Karl den Großen zeigen, zu erkennen an der Kaiserkrone und dem Reichsadler in Wimpel und Schild.

ℹ Seite 76

Predella des spätgotischen Flügelaltars

fessor Leonhard Christoph Sturm aus Wolfenbüttel. Die Ausführung übernahm der Bildhauer Joachim Querfurth. Er beauftragte für die Ornamentschnitzereien, Beschläge und Gemälde noch weitere Künstler aus Hamburg, Augsburg und Quedlinburg.

Vor der Altarwand steht der eigentliche *Altar*, der seit 1868 mit den Brüstungsplatten der Stiftshauptmannspriche verkleidet ist. Die exzellent gearbeiteten Reliefs aus dem Jahre 1631 stellen die drei Tugenden Glaube, Hoffnung und Liebe dar.

Im südlichen Seitenschiff, wo die Pforte zur Krypta führt, erhebt sich ein *spätgotischer Flügelaltar*. In der Mitte steht eine fast lebensgroße Pietà, flankiert von den Heiligen Nikolaus und Benedictus. Die Flügel zeigen wahrscheinlich die vierzehn Nothelfer, die aber zum Teil ihrer Attribute beraubt sind. Die Heiligen Antonius und Scholastica rahmen in der Predella die Szene, wie der heilige Martin als junger Soldat seinen Mantel mit einem Bettler teilt. In der Kalandskapelle befindet sich ein weiterer *Marienaltar* aus der Zeit um 1480.

Beachtenswert ist auch die hölzerne *Kanzel*, die der Quedlinburger Bildhauer und -schnitzer Georg Steyger 1595 im Stil der Spätrenaissance schuf. Ein barocker Engel trägt den achteckigen Kanzelkorb; der Schalldeckel verkörpert das Himmlische Jerusalem. Die Relieffelder an der Kanzel erzählen die Geschichte Christi von der Geburt bis zum Jüngsten Gericht. Zwei Reliefs auf der Kanzeltür erinnern an den Beginn des menschlichen Lebens auf Erden: Schöpfung und Sündenfall.

Die dreimanualige pneumatische *Kastenladenorgel* ist ein Werk des Orgelbaumeisters Ernst Röver und verfügt über 3 310 Pfeifen und 52 Register. Sie gehört seit 1888 zur Ausstattung.

> Die Kalandskapelle ist die ehemalige Taufkapelle der Kirche und wird gegenwärtig als Winterkirche genutzt. Ihr Name erinnert an die Kalandsbrüder, die bis zur Reformationszeit ihre Aufgabe darin fanden, die Not der Kranken und Armen zu lindern. In langen Listen führten sie die Namen der Verstorbenen, für die sie Seelenmessen lasen.

Marktkirchhof

Der die Benediktikirche umgebene Marktkirchhof war bis 1811 von einer Mauer eingefasst. Sie fiel mit dem Verbot, die innerstädtischen Friedhöfe weiterhin zu belegen. Von den vielen Grabanlagen hat sich nur das *Mausoleum der Familie Gebhard*, später Goetze, in der Nordwestecke des Marktkirchhofs erhalten. 1726 wurde hier der Kaufmann Gebhard zur letzten Ruhe gebettet. 1771 erwarb der Bürgermeister Johann Andreas Goetze die Begräbnisstätte. Die größte Aufmerksamkeit erregt sicher das pompöse Säulenportal mit dem kunstvollen Barockgitter. Der geschweifte Architrav mit Volutengesims trägt zwei klagende Frauengestalten, die eine Inschriftenkartusche mit Urne flankieren.

Säulenportal des Mausoleums

Marktkirchhof mit Stadtpfeiferhaus (rechts)

Nach der Auflassung des Kirchhofes wurden im Schutz der Marktkirche St. Benedikti hinter dem Rathaus auf engstem Raum Fachwerkhäuser errichtet. Zwar ist keines der Gebäude für sich ein Einzeldenkmal, doch als Ensemble veranschaulichen sie die Entwicklung dieser Baukunst von der Gotik bis zum 18. Jahrhundert. Genau datiert ist nur das solide gebaute Haus Marktkirchhof 2. Der Zimmermeister Johann Joachim Kohlwagen errichtete es 1766.

1978 befanden sich die Häuser in einem derart schlechten Zustand, dass man sie abreißen wollte. Als Ersatz war ein monolithischer Neubau mit einer Fassadendekoration aus Bohlen geplant. Zum Glück konnten die Mitarbeiter der Denkmalpflege die Realisierung dieser „Idee" verhindern. Von 1984 bis 1986 stellte man die Häuser um den Marktkirchhof wieder her.

Mit seinen vorkragenden Stockwerken zeigt das schmale und hochragende Haus linker Hand deutlich gotische Stilformen. Typische Verzierungen der Renaissance schmücken das Fachwerkhaus daneben.

Das Haus Nummer 7 bis 9 aus dem 17. Jahrhundert ist als *Stadtpfeiferhaus* bekannt. Hier wohnten der Stadtpfeifer, der Büttel und die Hebamme in separaten Wohnungen, was auch die drei Haustüren verdeutlichen. Fremdenführer erzählen heute gern, dies sei das erste Mietshaus gewesen, und ihre Bewohner seien im Volksmund „Piep in't Loch", „Stiek in't Loch" und „Griep in't Loch" genannt worden.

Dem Stadtpfeifer oblag es, die Beschlüsse und Bekanntmachungen des Rates in der Stadt zu verkünden. Die Trompete, mit der er sich Gehör für seine Durchsagen verschaffte, ist in die Saumschwelle des Hauses geschnitzt. Die Häuserzeile endet mit einem Fachwerkhaus des 18. Jahrhunderts.

Der Schuhhof

Am Beginn der Breiten Straße, wenige Schritte vom Rathaus entfernt, steht das einstige Gildehaus der Schuhmacher und Gerber. Errichtet wurde es 1535 mit einem Kredit von einhundert Gulden zu sechs Prozent Zinsen, den der Rat der kleinen Innung mit ihren 25 Mitgliedern gewährte. Der unscheinbare enge und dunkle Gang im Haus führt in eine der romantischsten Gassen der Altstadt, in den Schuhhof. Hier lebten die Schuhmacher und boten ihre Ware feil. Bereits im 13. Jahrhundert existierten diese Gebäude. Um die Mitte des 17. Jahrhunderts waren alle vierzehn Häuser an arme Handwerksfamilien, vermutlich als Witwensitz, vermietet.

An Markttagen fand die Auslage am sogenannten Horn statt, einem Ständer vor dem Gildehaus. Die herausklappbaren Fensterläden im Hof, auf denen man tagsüber den Kunden die Schuhe präsentierte, wurden abends wieder geschlossen. Daher rührt übrigens die heutige Bezeichnung Ladenschluss.

Im Schuhhof

Hölle · Pölle · Stieg

Die Straßenbezeichnungen Pölle und Stieg deuten darauf hin, dass die Gegend früher morastig war. 1233 wurde erstmals urkundlich ein Polna erwähnt. Es könnte vom niederdeutschen Wort Pol abstammen, was nichts anderes als Pfuhl heißt. Die Pölle ist also eine feuchte Senke, über die man trockenen Fußes nur auf einem Stieg kam oder, wie es 1529 heißt, „uffen Steyge". Wie der Name Hölle entstand, ist nicht so einfach herzuleiten. Sicher ist nur, dass in der Pölle ein einzelnes Haus stand, was eine Urkunde aus dem Jahre 1233 belegt. Darin heißt es: „domus in Polna, que appelatur Infernus", zu deutsch: „das Haus in der Pölle, das Hölle genannt wird".

„Alter Klopstock"

An die Familie Klopstock erinnert das Doppelhaus im Stieg 28/29, im Volksmund Alter Klopstock genannt. 1744 erwarb es ein Vetter des berühmten Dichters. Im Jahre 1833 starb in diesem Haus mit Christiane Magarethe Klopstock die weibliche Linie der seit 1657 in Quedlinburg ansässigen Familie Klopstock aus. Das Haus weist neben der Jahreszahl seiner Errichtung, 1564, noch eine Reihe anderer Jahreszahlen an der Fassade auf: 1580, 1603, 1605 und 1633. Diese lassen sich mit mehreren An- und Umbauten in Verbindung bringen.

Bauherr war wahrscheinlich der Gewandschneider Hermann Schimmelmann, Angehöriger einer der wichtigsten und wohlhabendsten Zünfte in der Stadt. Er verfügte natürlich über das nötige Kleingeld, um sein umfängliches Haus reich ausschmücken zu lassen. Das Eckhaus wird von einem Erker geziert und im Hof gab es einst offene Galerien. Eine frei stehende, beschnitzte Säule dominiert die große Diele im

„Alter Klopstock"

Eckhaus und trägt den wichtigsten Unterzug des Hauses. Im Ostflügel befinden sich über der großen Toreinfahrt die Ladetüren, die auf den Speicher führten.

Von 1979 bis 1983 wurden die Häuser gemeinsam mit dem angrenzenden Gebäude Hölle 1/2 instand gesetzt. Auf diese Weise entstanden zehn komfortable Wohnungen.

Hölle 11

Auf den ersten Blick ist das trutzige, zweistöckige, romanische Gebäude mit seinen dicken Sandsteinmauern nicht als Fachwerkhaus zu erkennen. Die Holzkonstruktion steckt vielmehr verborgen in der Geschossdecke und im Dachstuhl.

Eventuell lässt sich die urkundliche Erwähnung des Höllenhauses aus dem Jahre 1233 mit dem Haus Hölle 11 in Verbindung bringen. Der ursprüngliche Zweck dieser mittelalterlichen Eigenfestung ist aber noch unbekannt. Heute beherbergt das Haus ein Ingenieurplanungsbüro.

Bei Sanierungsarbeiten im Jahre 2004 wurden die freigelegten Balken in den Decken und vom Dachstuhl dendrochronologisch untersucht. Das Ergebnis ist sensationell: Die Balken haben ein Alter von rund achthundert Jahren. Das Eichenholz datierte man auf das

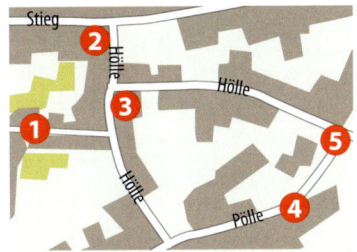

1	**Schuhhof**
2	**„Alter Klopstock" (1580)**
3	**Hölle 11 (Anfang 13. Jh)**
4	**GutsMuths-Geburtshaus**
5	**GutsMuths-Denkmal**

Jahr 1215 und das Fichtenholz um 1230. Damit ist das Haus Hölle 11 wesentlich älter als der aus dem 14. Jahrhundert stammende Ständerbau in der Wordgasse.

Ältestes Haus der Stadt: Hölle 11

Es spricht für den subtilen Humor der Quedlinburger, wenn sie behaupten, das Denkmal würde nicht nur zwei Personen darstellen: Der Gehrock, den GutsMuths trägt, erinnere an den religiösen Quedlinburger Dichter Gerok und der Stock in der linken Hand des jugendlichen Carl Ritters an Friedrich Gottlieb Klopstock.

GutsMuths-Haus

Am Haus Pölle 39 macht eine Tafel auf einen berühmten Quedlinburger aufmerksam, der hier 1759 das Licht der Welt erblickte: Johann Christian GutsMuths. Er gilt als der Begründer des Schulturnens und als „Erzvater" der deutschen Turnerbewegung überhaupt. Ehe sich GutsMuths als Lehrer und Leiter für gymnastische Übungen in der Salzmann'schen Erziehungsanstalt Schnepfental der Körperertüchtigung widmete, hatte er seine Brötchen als Hauslehrer in Quedlinburg verdient.

In seinen Büchern, wie in dem 1793 erschienenen „Gymnastik für die Jugend" oder im „Turnbuch für die Söhne des Vaterlands" von 1817, erläutert er, wie wichtig Körperertüchtigung für eine gesunde Entwicklung junger Menschen ist. Zugleich tritt er für den Schulsport als Bestandteil der Erziehung ein.

GutsMuths-Denkmal

In Blickweite des GutsMuths-Hauses errichtete die Stadt 1904 auf dem Mummentalplatz (seit 2009 GutsMuths-Platz) ihrem berühmten Sohn ein Denkmal. Leider hat es die Zeitläufte nicht unbeschadet überstanden, denn die vier Sockelreliefs mit Szenen aus GutsMuths' Leben wurden entfernt. Der Turnvater ist auf dem Sockel als Wanderer dargestellt, begleitet von seinem Lieblingsschüler Carl Ritter. Der wiederum, 1799 gleichfalls in Quedlinburg geboren, gilt als Begründer der wissenschaftlichen Geographie. 1820 berief die Berliner Universität Ritter als ersten Professor für Geographie in Deutschland. Im Brühl wurde auch ihm ein Denkmal gesetzt.

Das Wort Mummental deutet darauf hin, dass hier einst allerlei Unrat aus der Stadt in die Senke (Tal) gebracht wurde. Noch um die Jahrhundertwende war in Quedlinburg das Wort „ausmummen" für das Reinigen des Mühlgrabens gebräuchlich.

St. Blasiikirche

Baugeschichte. Die erste Erwähnung der Blasiikirche findet sich in einer Urkunde des Jahres 1222, doch stammt die Kirche in ihren ältesten Teilen wohl aus dem 10. Jahrhundert.

Der von zwei Helmen gedeckte, **eintürmige Westbau** verbirgt unter seiner spätromanischen Glockenstube eine noch ältere, deren Doppelschalllöcher heute vermauert sind. Die Kleinheit der Anlage und die Form des Turmes lassen auf eine **romanische Dorfkirche** schließen, die später von der sich rasch entwickelnden Kaufmannssiedlung als erste Kirche übernommen wurde. Im ersten Viertel des 13. Jahrhunderts wurde ein zweites spätromanisches Glockengeschoss aufgesetzt. Das ursprüngliche Walmdach wich im 15. Jahrhundert den charakteristischen gotischen Zwillingshelmen. Alle Quedlinburger Kirchen – so auch St. Blasii – entstanden in Quaderbauweise aus dem einheimischen weißlichen Sandstein. Dieser hat eine schwärzlich-graue Patina angenommen und verleiht den Bauwerken dadurch ein ernstes, fast düsteres Aussehen.

Um 1267/68 leisteten sich die Quedlinburger unter Bewahrung der Westturmanlage einen prächtigen und verhältnismäßig kostspieligen Neubau in der Form einer **frühgotischen, dreischiffigen Basilika**. Allerdings müssen die Arbeiten nicht mit der nötigen Sorgfalt ausgeführt worden sein, denn immer wieder waren Ausbesserungen nötig. Anfang des 18. Jahrhunderts war die Kirche so baufällig, dass 1714 bis 1718 die **heutige barocke Kirche** in der Form eines Oktogons, an das sich im Osten ein schmaler Altarraum anschließt, errichtet wurde. Innenarchitektur und Ausstattung bilden eine harmonische Einheit, die dem Raum einen intimen Reiz geben.

St. Blasiikirche

Deckengemälde

Seite 76

Ausstattung. Mit ihrer einfachen und nüchternen Formensprache ist die Blasiikirche ein gutes Beispiel des norddeutschen Barocks. Die zurückhaltende Klassizität der Fassade und der Stukkatur im Inneren legen die Vermutung nahe, dass ein Italiener – vielleicht Guiseppe Crotogino, der an der Clemenskirche in Hannover mitarbeitete – den Bau verantwortlich leitete. Ein *achteckiges Gemälde* in der Mitte des stuckierten Holzgewölbes zeigt die heiligen Bischöfe Blasius und Servatius, die das Wappen der Äbtissin Maria Elisabeth von Schleswig-Gottorp (1718-1755) halten.

Als eine prunkvolle und stark farbige Architekturkulisse tritt der *Kanzelaltar* hervor. Der einheimische Bildhauer Johann Wilhelm Kunze und die Maler Gottfried Sommer und Heinrich Erdmann Riese schufen ihn 1721 bis 1723 nach einem Entwurf des anhaltischen Landbaumeisters Johann Heinrich Hoffmann.

Aus dem früheren Bau stammt das *Epitaph für den Stiftshauptmann Hans von Wulffen*, links vom Altar. Es gehört zu einer der damals üblichen Serienproduktionen. Allerdings verrät die unbeholfenen Starre der Figuren diese Arbeiten als wenig bedeutsam. Hans von Wulffen hatte sich in kaiserlichen Diensten auf europäischen Schlachtfeldern mit Türken und Franzosen herumgeschlagen und war als kursächsischer Feldhauptmann in den Kriegen der Reformationszeit 1550, 1553 und 1567 durch Deutschland gezogen.

Nutzung. 1539 war auch die Blasiikirche evangelische Pfarrkirche geworden. Nachdem die SS die Stiftskirche okkupiert hatte, fand deren Kirchengemeinde von 1938 bis zum Ende des Zweiten Weltkrieges in St. Blasii eine neue Heimstatt.

In den folgenden Jahren nahm die Zahl der Kirchenmitglieder weiter ab. Die zusammengefassten Gemeinden der Marktkirche und der Blasiikirche nutzten St. Benedikti als Pfarrkirche, während die Blasiikirche ab 1952 leer stand und zu verfallen drohte. Aus Mitteln der Deutschen Stiftung Denkmalpflege erfolgte ab 1992 eine umfassende Instandsetzung und Restaurierung dieses Baudenkmals.

TIPP

In der *Kulturkirche* sind jährlich etwa 50 Veranstaltungen zu erleben, vom Konzert über Lesungen und Ausstellungen bis hin zu Tanz-Performance, Kabarett und Theater.

Chor mit Barockaltar

Fachwerkmuseum Ständerbau

Der Hochständerbau in der Quedlinburger Wordgasse 3 stammt vermutlich aus der Zeit um 1400 und ist der letzte seiner Art in Deutschland überhaupt. In seiner recht einfachen Konstruktionsart ist er der Vorgänger der gotischen Geschossbauweise. Das Haus hat eine Grundfläche von nur 48 Quadratmetern und eine Raumhöhe von gerade einmal 2,10 Metern.

Seite 76

Die Bauweise. Auf der niedrigen Grundmauer ruht die Schwelle, in die senkrecht die Ständer oder „Stiele" eingezapft sind. Diese „Stiele" reichen bis zum Dach, das von ihnen getragen wird. Die waagerechten Querhölzer, die die Stiele verbinden, geben dem Ganzen eine gewisse Stabilität. Die entstehenden Gefache sind mit Flechtwerk und Lehm ausgefüllt. Die in einen Zapfen auslaufenden Enden der Querbalken für den Fußboden bzw. Dachboden wurden durch einen Schlitz des Ständers gesteckt und außen mit starken Holznägeln gesichert.

Im Inneren sind die Tragbalken mit den Hochständern durch schräge Kopfleisten verbunden, wodurch das Holzgerüst an Festigkeit gewann. Trotzdem war diese Bauart auf die Dauer nicht sehr haltbar. Nur allzu leicht verbogen sich die langen Ständer, die Holzpflöcke konnten reißen und dann wiederum die Tragbalken aus ihrer Verankerung rutschen.

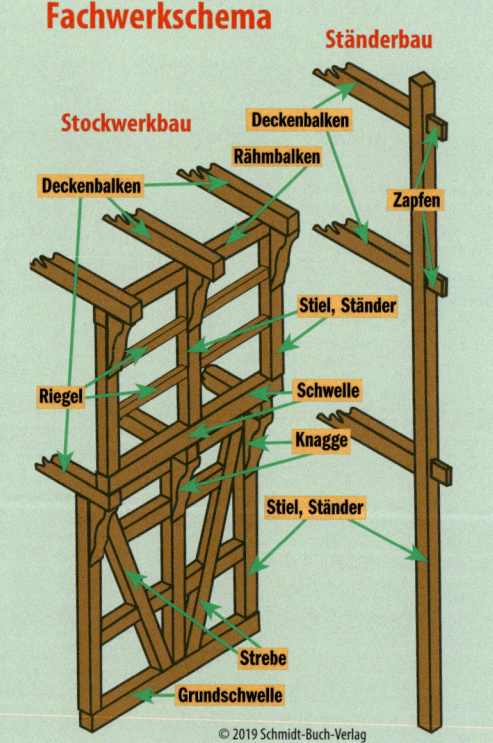

Fachwerkschema

Ständerbau

Stockwerkbau

Deckenbalken

Rähmbalken

Deckenbalken

Zapfen

Stiel, Ständer

Schwelle

Riegel

Knagge

Stiel, Ständer

Strebe

Grundschwelle

© 2019 Schmidt-Buch-Verlag

TIPP
Diverse Holzverbindungen und Zimmermannswerkzeuge können Museumbesucher nicht nur sehen, sondern auch in die Hand nehmen.

Hochständerbau in der Wordgasse

Das Fachwerkmuseum. Trotz völlig unzureichender Ausstattung war das kleine Haus bis 1965 bewohnt. Bei seiner grundlegenden Restaurierung von 1966 bis 1969 gab es große Bemühungen, die noch brauchbaren originalen Bauteile zu erhalten. Dennoch mussten die Ostfassade und das Dach rekonstruiert werden, die Schäden waren schon zu weit fortgeschritten. Die Fenster wurden in den Maßen der originalen Öffnungen gestaltet.

Untersuchungen von entnommenen Holzproben nach der Radiocarbonmethode (C14) sollten helfen, das Baujahr zu ermitteln. Dabei gab es allerdings zwei unterschiedliche Ergebnisse: zum einen das Jahr 1310 und zum anderen 1480 mit plus/minus fünfzig Jahren Differenz. Eine Klärung zur Datierung brachten die Analysen also nicht.

Als 1976 alle Arbeiten abgeschlossen waren, zog das Fachwerkmuseum der Stadt ein. Das unmerklich schwankende Haus wurde dabei selbst zum Ausstellungsstück. In den acht Räumen des Museums dokumentieren Grafiken, Zeichnungen und Modelle in sehr anschaulicher Weise die Entwicklung des Fachwerkbaus in Deutschland vom 14. bis zum 19. Jahrhundert.

i Seite 76

Kleine Fachwerkkunde

Vor dem 16. Jahrhundert gab es außer Schloss, Rathaus und den Kirchen fast keine massiven Steinbauten. Und so prägen heute Hunderte von Fachwerkhäusern das Antlitz Quedlinburgs. Die Stadt wirkt wie ein großes Freilichtmuseum der Fachwerkbaukunst.

Sicher ist es nicht so einfach, beim Stadtrundgang auf den ersten Blick zu erkennen, welchem Stil ein Haus zuzuordnen ist. Doch gibt es einige typische Erkennungsmerkmale für die jeweilige Stilepoche.

Die Häuser im *gotischen Fachwerkstil* sind in der damals gerade erfundenen Geschossbauweise errichtet. Vom Dach einmal abgesehen, stellt jedes Stockwerk ein „Haus im Haus" dar. Stets wiederholen sich die gleichen Bauglieder und man könnte einfach ein Geschoss herausnehmen oder aufsetzen, ohne etwas an der Grundkonstruktion ändern zu müssen.

In der Regel ist das Erdgeschoss höher als die anderen Etagen. Die in sich verzapften Balken des jeweils unteren Geschosses bilden stets eine standfeste Grundlage für

Marktkirchhof 6

Seit der Mitte des 15. Jahrhunderts, als sich die Geschossbauweise endgültig durchsetzte, hat sie sich kaum verändert. Natürlich forderten die hervorstehenden Balkenenden förmlich dazu heraus, verziert zu werden. Zum Glück, kann man da nur sagen, denn die einzelnen Bauperioden können nur in der Gestaltung des Rahmholzes, der Balkenköpfe, der Saumschwelle oder der Füllhölzer unterschieden werden.

Fachwerk am Markt

die oberen. Das darüberliegende Stockwerk kragt jeweils leicht vor. Diese Eigentümlichkeit ermöglicht es, die Saumschwelle des nächsthöheren Stockwerks auf das vorkragende Ende des Tragbalkens aufzusetzen, sodass sich die Wand des oberen Stockwerks vor der des unteren befindet. Durch das Belasten der Balkenenden mit diesem Aufbau entstand sogleich ein Gegengewicht, das ein Durchbiegen der Balkenmitte verhindert. Zusätzlich schützte die **Vorkragung** die unteren Etagen vor den Witterungseinflüssen, und die Räume wurden außerdem in ihrer Grundfläche nach oben hin größer. Auf einem kleinen Grundstück konnte so immer noch etwas größerer Wohnraum geschaffen werden. Den Abschluss dieser „übereinandergestapelten" Wohneinheiten bildet meist ein sehr steiles und hohes Dach.

Bis etwa 1530 bestimmten die gotischen Häuser (Marktkirchhof 6) mit ihren Vorkragungen und den reich

verzierten Kopfbändern unter den Balkenköpfen das Stadtbild. Die Balkenköpfe sind meist durch Hohlkehlen vom Balken getrennt. Mitunter gestalten Treppenfriese die Saumschwelle. Häufiger anzutreffen sind aber sogenannte Schiffskehlen, die von Rundstäben begrenzt werden. Die Saumschwelle trägt oftmals **Inschriften** aus mittelalterlichen Aufzeichnungen.

Der nächste Qualitätssprung im Quedlinburger Fachwerkbau fällt in die Zeit von 1530 bis 1630, von der Fachwelt **„Niedersächsischer**

Balkenköpfe im Diamantschnitt (Pyramiden)

Fachwerkbau" genannt (Hohe Straße 29). Die Schiffskehlen in den Saumschwellen werden jetzt tiefer ausgearbeitet. Dekorative **Rosetten, Sonnen oder Palmetten** finden sich in dieser Zeit allenthalben über den Balkenköpfen, die zu Walzen oder Tönnchen verformt werden. Ab etwa 1550 trägt die Saumschwelle vertiefte **Inschriften in Großbuchstaben**. In vielen Schiffskehlen der Saumschwellen sind Taustäbe zu

Seite 76

Speicher und benachbarte Wordscheune Domizil des Kunstvereins 7kunst

sehen. Die Brüstungsfelder belegte man ab 1600 auch mit Rosetten oder kunstvoll beschnitzten Täfelungen.

Um 1630 veränderten sich die Schmuckformen erneut. Die nun häufig anzutreffende Ausformung der Balkenköpfe in Diamantschliff wird als **„Quedlinburger Sonderstil"** (Markt 13) bezeichnet und erfreute sich bis 1760 allgemeiner Beliebtheit. Dabei wurde der Balkenkopf an seiner Stirnseite zu einer Pyramide geformt. Weitere Schmuckelemente in dieser Zeit sind die **schuppenartigen Muster** über den Rundstäben der Schiffskehlen, die jetzt wieder flacher ausgeformt wurden. Die kräftigen Brüstungsleisten bestehen aus Viertelstab und Schiffskehle, die Brüstungsfelder selbst blieben schmucklos. Die Ständer wurden teilweise über die ganze Länge mit **Bandmustern oder Blattornamenten** versehen. Kreise mit Kerbschnittmustern verzierten die Fläche über den Balkenköpfen.

Nach 1700 setzte eine zunehmende Verflachung der Schmuckformen ein. Ende des 18. Jahrhunderts nahmen die Häuser immer **sachlichere Formen** an, kaum noch findet sich eine Verzierung oder ein Schnörkel. Verschiedene Gestaltungselemente entlehnte man nun der Steinbauweise. Damit war die Blütezeit des Fachwerks endgültig vorbei und ein anderes Formengefühl setzte sich durch. Die Saumschwelle wurde flacher gehalten und nahm die Balkenköpfe schließlich ganz auf. Die Abstände zwischen den Fenstern wurden mal schmal und mal breit gewählt. Schwach profilierte Bretter deckten die Saumschwelle, die Balkenköpfe und die Füllhölzer ab.

Hohe Straße 29

Die Fachwerkhäuser sind aber nicht nur eine reine Zimmermannsarbeit. Sie erzählen auch etwas von der **_Kultur und der Lebensweise_** ihrer Bewohner und von deren sozialer Stellung im Gefüge der Stadt. Gehörten die Häuser einem Patrizier, einem Kaufmann, einem Krämer oder einem Handwerker? Wo wurden die Gebäude errichtet und welche Funktion war ihnen zugedacht? Großkaufleute beispielsweise wohnten am Markt oder in dessen Nähe, Handwerker wiederum in belebten Straßen, um ihre Waren im Untergeschoss zum Verkauf anzubieten. Die hohen Dachräume dienten in der Regel als Lager oder Trockenraum. Auch die Zwerchhäuser mit Ladeluke im Dach oberhalb der Toreinfahrt können etwas über die Bewohner aussagen.

Inschrift im Schuhhof

Adelshof

Zu neuem Leben erwacht in der Wordgasse 4 seit einigen Jahren ein alter Adelshof. Dessen Anfänge gehen auf Graf Hoyer II. von Falkenstein zurück, den das Stift als Schutzvogt mit diesem Hof belehnte. Die heute vierflüglige Anlage besteht aus großen, in Fachwerk errichteten Wohn- und Speichergebäuden der Jahre 1566 und 1580 sowie aus dem Ostflügel, den Siegfried von Hoym um 1620 ergänzen ließ. Auf dem Hof des unregelmäßigen Grundstücks erhebt sich ein Taubenturm aus dem 18. Jahrhundert, ganz so wie im Märchen von Aschenputtel.

Beeindruckend sind die Barockmalereien aus dem 17. Jahrhundert im sogenannten „Rittersaal" des Westflügels und ein Renaissanceportal mit der Jahreszahl 1567. Die Kürzel H. V. W. und E. v. P. verweisen auf Hans von Wulffen und Elisabeth von Plotho. Vermutlich zwischen 1925 und 1935 veranlasste der damalige Besitzer, Samenhändler Carl Sperling, Umbauten am Nordflügel.

Während der jetzigen Sanierung wurde eine aus dem 16. Jahrhundert stammende unterirdische Abwasseranlage mit drei aus Eichenholz gefertigten Leitungen gesichert.

Adelshof, auch Freihof oder Hoymscher Hof genannt

St. Nikolaikirche

Die gewaltigen, zweiundsiebzig Meter hohen Türme der St. Nikolaikirche überragen alle anderen Türme der Stadt und bilden damit eine weithin sichtbare Landmarke. Mit dem Neubau der Pfarrkirche der „nova civitas", der Neustadt, wurde 1201 begonnen.

Baugeschichte. An ein kleines Vorgänger-Kirchlein erinnern nur Reste. Die Winnigsted'sche Chronik berichtet: „...1201 ist die Kirche S. Nicolai in der Neustadt von den Bürgern, die zwey Thürme aber von einem reichen Schäfer zu bauen angefangen worden. Das Fundament ist auf Ellernblöcke gelegt und bis auf das oberste Gesims von ihm vollendet worden." Ellernblöcke (niederdeutsch) sind in den morastigen Untergrund gerammte Erlenstämme.

Erst um 1270 waren die Arbeiten an der spätromanischen dreischiffigen Basilika beendet. Als im Laufe des 14. Jahrhunderts Gewölbebau und Hallenkirche in Mode kamen, wurde auch die Nikolaikirche entsprechend umgebaut. Allerdings stimmte nun das architektonische Verhältnis der Bauteile zueinander nicht mehr. Durch falsche Gewölbe und andere Tricks wurde versucht, dies zu kaschieren.

In ihrer heutigen Gestalt ist sie im Westwerk frühgotisch (13. Jahrhundert) und in den übrigen Teilen spätgotisch (15. Jahrhundert). Die Hallenkirche besitzt verschiedenartig gegliederte Pfeiler und einen einschiffigen Chor.

Von den beiden Türme mit ihren spätromanischen Unter- und den gotischen Obergeschossen mussten

wiederholt die Helme nach Sturm- oder Blitzschäden erneuert werden. Im Jahre 1668 wurden bei dieser Gelegenheit *zwei Schäferfiguren* an den Turmecken aufgestellt. Sie erinnern an die Legende von den zwei Schäfern, die beim Hüten ihrer Schafherde in einem wüsten Dorf einen Schatz gefunden und mit diesem die Vollendung des Kirchenbaus ermöglicht haben sollen.

i Seite 76

Westtürme der Nikolaikirche

Kanzel von 1731

der die Kanzel bekrönt, steht für die Liebe Gottes zu den Menschen und deren Erlösung durch den Opfertod Christi.

Das älteste Stück in der Kirche, der **spätromanische Taufstein** vom Ende des 12. Jahrhunderts, soll aus der Dorfkirche zu Groß-Orden stammen. Von allen Kirchen der Stadt hat die Nikolaikirche **die schönste und älteste Glocke**. Sie wurde 1333 gegossen und mit einer leicht konvexen Zeichnung geschmückt, die Muttergottes, den heiligen Nikolaus sowie die Kreuzigung darstellend.

Restaurierungen. Im 19. Jahrhundert wurde die Kirche so vernachlässigt, dass sie einzustürzen drohte. Durch eine umfassende Restaurierung 1879 bis 1883 konnten die Schäden beseitigt werden. 1885 und 1909 fertigte der Quedlinburger Glasmaler Ferdinand Müller für das südliche Seitenschiff sogar neue, farbige Glasfenster. Weitere Restaurierungen fanden 1966 bis 1969 sowie 1972 statt.

Seite 76

Ausstattung. Die Innenausstattung der Kirche stammt im Wesentlichen aus dem 18. Jahrhundert, auch der **barocke Hochaltar** von 1712. Die Altarwand ist mit Girlanden und Ornamenten völlig überladen, doch auch diese Fülle kann nicht über die grotesken Disproportionen der Figuren hinwegtäuschen. Auf der Predella ist das letzte Abendmahl und im Mittelfeld die Kreuzigung Jesu dargestellt. Darüber befindet sich das Stiftswappen, gehalten von zwei Bischöfen, die wahrscheinlich den heiligen Servatius und den heiligen Nikolaus verkörpern sollen.

Sehr viel ungekünstelter wirkt die **spätbarocke Kanzel** von 1731. Ein rotgewandeter Engel trägt den Kanzelkorb. Unter dem Deckel der Kanzel schwebt eine Taube als Symbol des Heiligen Geistes. Der Pelikan,

TIPP

An der Nikolaikirche wirkte im 18. Jahrhundert Pastor Johann Christian Erxleben, dessen Frau **Dorothea Christiana Erxleben** als erste Frau in Deutschland den medizinischen Doktortitel erwarb. Bis zu ihrem Tod 1762 arbeitete sie als Ärztin in ihrer Heimatstadt. Eine Ausstellung im Klopstockhaus sowie Tafeln an Geburtshaus (Steinweg 54) und Wohnhaus (Kaplanei 10) erinnern an sie.

Der Steinweg in der Neustadt

Ohne mühsame künstliche Aufschüttungen, teilweise bis 1,50 Meter Höhe, hätte man die Neustadt nicht errichten können, ist sie doch regelrecht im Sumpf gebaut. Der Morast hätte sonst den Steinweg, die Hauptverkehrsachse, geschluckt. Gewiss war die seinerzeit eher unübliche Pflasterung des Steinwegs, in alten Urkunden als „via lapidea" bezeichnet, dem Untergrund geschuldet. Außerdem bildete die Straße den östlichen Hauptzugang der Stadt. Allerdings darf man die damalige Straßenpflasterung nicht mit der heutigen gleichsetzen; oft verhinderten nur einige wenige Trittsteine, dass man gleich im Morast versank.

Neustädter Marktplatz

Dort, wo sich heute der ***Mathildenbrunnen*** erhebt, stand bis 1890 das gotische Neustädter Rathaus, von dem schon damals nur noch das Untergeschoss vorhanden war. Kurz nach dessen Abriss wurde auf den freien Flecken der Brunnen gestellt, der seinen Namen der Frau des damaligen Stadtrats Besser verdankt.

Ein besonders schönes Fachwerkhaus im Quedlinburger Sonderstil dominiert die Nordseite des Neustädter Marktplatzes. Das als ***Gasthaus „Zur Goldenen Sonne"*** bekannt gewordene Gebäude am Steinweg 11 schuf 1671 Zimmermeister Hans Reule. Er wurde 1642 in Quedlinburg geboren. Sein erstes Fachwerkhaus errichtete er – gera-

Hotel „Zur Goldenen Sonne"

18. Jahrhundert. Nach erneuter Restaurierung des gesamten Anwesens Anfang der 1990er Jahre ist das Gasthaus „Zur Goldenen Sonne" wieder, wie ursprünglich, ein Hotel.

Haus „Zur Börse"

An der Ecke Steinweg/Konvent steht der wahrscheinlich letzte vollkommene Fachwerkbau der Stadt, das Haus „Zur Börse". Zimmermeister Andreas Besen errichtete das einst beliebte Gasthaus 1683. In unvergleichlicher Meisterschaft sind hier die traditionellen Bauglieder abgewandelt und neuartig gestaltet. Weit vorspringende Kopfbänder, doppelte Kreuzverbände innerhalb einzelner Fächer, aus der Wand tretende Mauerteile und Erker, sowie Dachgiebelaufbauten erzielen eine malerische Wirkung und kennzeichnen hier anschaulich den Barockstil.

Haus „Zur Börse"

de achtundzwanzigjährig – 1670 an der Kaplanei 6. Bis 1680 folgten noch mindestens sieben weitere in Quedlinburg, als letztes sein eigenes Haus in der Mühlenstraße 22. Mit knapp einundfünfzig Jahren starb Zimmermann Reule (Rühle, Rule, Ruhle) hier in der Neustadt.

Wie viele andere Häuser in Quedlinburg hat auch die „Goldene Sonne" eine große Toreinfahrt, die direkt auf den Hof mit Stallungen und einer Scheune führt. Im Jahre 1970 wurde das Haus instand gesetzt und zu einem Ledigenwohnheim umgebaut. Dabei gab es jedoch im Innenbereich erhebliche Eingriffe in die Bausubstanz. Miteinbezogen in die Neugestaltung wurde das Nebengebäude, Steinweg 12, aus dem

Im Allgemeinen war es üblich, dass sich nur die Bauherren mit ihren Namen im Türsturz verewigten. Doch etwa seit 1632 setzte sich in Quedlinburg die Besonderheit durch, dass auch die Zimmermeister stolz ihren vollen Namen mit dem Zusatz „ZM" für Zimmermann in die Fassade schnitzten. Nur dadurch sind heute diese künstlerisch begabten und technisch versierten Meister namentlich bekannt. Von den 146 im Jahre 1987 noch vorhandenen Inschriften sollen infolge zahlreicher Hausabbrüche nur etwa 112 erhalten geblieben sein.

Zwischen den Städten

Einige Schritte vom Neustädter Marktplatz in Richtung Altstadt befindet man sich „Zwischen den Städten". Hier verlässt man die Neustadt mit ihrem regelmäßigen Stadtgrundriss. Bevor 1735 das St.-Annen-Hospital errichtet wurde, stand an dieser Stelle das 1433 erbaute Gildehaus der Tuchmacher. Sankt Anna war die Schutzpatronin der Tuchhändler, die im Obergeschoss des Neubaus einen großen Gesellschaftssaal besaßen.

Hagensches Freihaus

Am Beginn der Bockstraße fasziniert auf der rechten Seite ein mächtiger Steinbau. Das einem Renaissanceschloss ähnelnde Gebäude von 1564 ist das älteste in Stein errichtete Bürgerhaus der Stadt Quedlinburg. Nach seinem ersten Besitzer heißt es noch heute „Hagensches Freihaus".

Zwar schlicht in ihrer Gestaltung, aber gewaltig erhebt sich die östliche Fassade über einem mächtigen Sockelgeschoss aus Sandsteinquadern. Dadurch macht der Bau einen recht trutzigen Eindruck, als hätte der Hausherr eine „splendid isolation" dem lauten Treiben in der Stadt vorgezogen. Doch diese Überhö-

Hagensches Freihaus

hung der Erdgeschosszone hatte praktische Gründe, schließlich verlief damals vor den Fenstern die Stadtmauer. Und wer will schon ständig auf eine Mauer schauen?

Der runde Eckturm und die beiden Dacherker mit ihren geschweiften Giebeln beleben den ansonsten nüchternen Anblick. Im Inneren führen zwei reich mit Intarsien geschmückte, eichene Prunktüren in einen großen getäfelten Raum mit geschnitzter Eichenholzdecke. Die Intarsien vermögen noch eine Vorstellung von der einst prachtvollen Ausstattung der ehemaligen Stadthauptmannswohnung zu geben. Nach umfangreicher Sanierung 2003/04 sind die historischen Säle wieder zugänglich.

In der Alt- und Neustadt gab es sechsunddreißig Adligen- und Freihäuser. Allerdings waren sie nicht so üppig ausgestattet wie das „Hagensche Freihaus", sondern meist aus Fachwerk und sparsamer eingerichtet.

Stadtpalais Salfeldt

Am Kornmarkt 5 steht das „Palais Salfeldt" – das größte und prächtigste Barockgebäude Quedlinburgs. Der imposante Bau wurde vom Ratsherrn und Kämmerer Röttger Salfeldt errichtet und dominiert noch heute den gesamten Straßenzug. Über dem Eingangstor weist eine Inschrift auf das Ende der über dreijährigen Bauzeit hin: Anno 1737.

Seite 76

Das meiste der originalen Substanz ist erhalten geblieben. So präsentiert sich das klar gegliederte und gekonnt geschmückte Vorderhaus noch immer wie im 18. Jahrhundert. Der drei Fenster breite Mittelteil wird deutlich hervorgehoben durch ein ebenso breites Zwerchhaus mit Ladeluke und durch ein rundbogiges Tor mit einer großzügig gestalteten Wappenkartusche.

Nicht gespart hat Salfeldt auch im Inneren. Barocke Stuckdecken, Türen, Kamine und das originale Treppenhaus zeugen heute noch vom Reichtum und Kunstsinn des Bauherren. Kostbar sind die qualitätvollen Stuckarbeiten an Decke, Wänden und oberhalb der Türen im Musikzimmer (erstes Obergeschoss). Die im Régencestil ausgeführten Stukkaturen stammen von Michael Caminada und Carlo Rossi, jenen italienischen Künstlern, die bereits die Stuckdecken auf dem Schloss entworfen und gefertigt hatten.

Das Grundstück gehörte schon gegen Ende des 17. Jahrhunderts der Familie Salfeldt. Der Vater von Röttger Salfeldt betrieb an dieser Stelle eine Gaststube. Das schöne neue Heim jedoch konnte die Familie nur acht Jahre lang genießen, denn nach dem Tod des Ratsherren war die Witwe gezwungen zu vermieten. 1785 gelangte das Palais schließlich in den Besitz der Stadt. Einige Zeit wurde hier noch der jeweilige Stiftshauptmann untergebracht. Im Rahmen der Säkularisierung und der Auflösung des Stifts bezog nach den Napoleonischen Kriegen 1815 das Kreisgericht Aschersleben das Gebäude. Bis 1990 wurde das ehemalige Palais Salfeldt schließlich als Gerichtsgebäude genutzt und ist daher auch unter der Bezeichnung „Altes Gericht" bekannt.

Im Ursprung bestand die Anlage aus zwei historischen Anwesen – zu dem Palais gehört das Schwestergebäude am Kornmarkt 6. 1997 erwarb die Deutsche Stiftung Denkmalschutz das bereits einige Jahre leerstehende Gebäude von der Stadt und veranlasste die Gesamtsanierung, die im Wesentlichen von 1998 bis 2001 erfolgte – ergänzt durch Arbeiten in den Jahren 2004 und 2006.

Seit 2008 lädt das Palais als exquisiter Veranstaltungsort ein und steht für Konzerte, Konferenzen, Empfänge, Seminare, Filmvorführungen, Bälle und andere Ereignisse zur Verfügung. Im ehemaligen Kornspeicher, einem imposanten Backsteinbau, wurde zudem ein hochmoderner Tagungsort geschaffen.

Stadtpalais Salfeldt Kornmarkt 5 und 6

Stadtbefestigung

Das mittelalterliche Quedlinburg war von einer Stadtmauer und zahlreichen Türmen umgeben. Die Ringmauer, erstmals 1179 erwähnt, hatte eine Länge von 2 290 Metern in der Altstadt und von 1 570 Metern in der Neustadt. Bis ins 18. Jahrhundert hinein standen noch achtzehn Türme in der Altstadt und zehn in der Neustadt. Einige der Türme können noch heute in ihrer ursprünglichen oder umgebauten Gestalt besichtigt werden.

Im Ernstfall brauchte die Stadt ungefähr 1 300 Bewaffnete, um alle wichtigen Punkte der Befestigung, wie Schießscharten, Tore und Türme besetzen zu können. Mit der Erfindung des Schießpulvers und der Einführung von Feuerwaffen verlor die Stadtbefestigung ihre Bedeutung, nur die Tore dienten noch lange als Akzisestellen bei der Ein- und Ausfuhr von Waren und zur Personenkontrolle. Im 19. Jahrhundert mussten die Tortürme sowie Teile der Mauer und der Wallanlagen dem Ausbau des Straßennetzes und der Stadterweiterung weichen.

Nahe der **St. Ägidiikirche** (spätgotische Hallenkirche, heute Jugendbegegnungsstätte) steht der einst auch als Gefängnis genutzte ***Schreckensturm*** oder „Schreckensdüvel", einer der mächtigsten Türme der mittelalterlichen Stadtbefestigung. In dem mehr als vierzig Meter hohen Turm mit seinen fast zwei Meter dicken Mauern befanden sich eine Folterkammer und ein Lochgefängnis. Verschiedene Folterwerkzeuge, mit denen hier angebliche Hexen, Eierdiebe und andere arme Gauner „peinlich befragt" wurden, sind heute im Schlossmuseum zu sehen.

i Seite 76

Erhaltene Türme der Stadtbefestigung:

⇨ Schreckensturm in der Heidfeldstraße
⇨ Gänsehirtenturm – viereckiger Turm an der Mauerstraße.
  In ihm wohnte der Gänsehirt.
⇨ Kaiserturm – größter Turm, zwischen Kaiser- und Bahnhofstraße
  1828 von Kaufmann Georg Hanewald zu Wohnungen umbaut.
⇨ Pulverturm (auch Sternkiekerturm genannt) an der Wallstraße
  heute Aussichtsturm innerhalb eines Hotels (kostenpflichtig)
⇨ Kruschitzki-Turm an der Wallstraße
  nach seinem späteren Besitzer benannt
⇨ Kuhhirtenturm, wo Kaiserstraße (ehem. Tittenplan) und Hinter der
  Mauer aufeinandertreffen
⇨ Martinsturm neben dem ehemaligen Pölkentor, hinter dem
  heutigen Bildungshaus „Carl Ritter"
⇨ Schweineturm am Durchbruch von 1895 zur Kaplanei

Die Gefangenen, die nach der Folter nicht gleich zum Richtplatz gebracht wurden, ließ man durch eine kleine Deckenöffnung an einem Seil in das fast lichtlose Tonnengewölbe des Kellers hinab, womit gleichfalls ihr Schicksal besiegelt war. Ein späterer Besitzer soll beim Ausräumen des Kerkers zahlreiche menschliche Gebeine gefunden haben.

Schreckensturm

Seit vier Generationen befindet sich der Schreckensdüvel in Privatbesitz. Beim Ausbau von Wohnungen im 18. Jahrhundert wurden auch die Fenster vergrößert. Trotz mehrfacher Umbauten blieben alte Balken und Teile des mittelalterlichen Bodenbelages original erhalten. Heute ermöglichen Ferienwohnungen im Turm einen Urlaub ungewöhnlicher Art.

Das städtische Verteidigungssystem wurde durch eine ausgeklügelte Anlage von *Feldwarten* ergänzt. Sie ermöglichte gleichermaßen, die ausgedehnte Feldflur zu schützen und frühzeitig vor herannahenden kriegerischen Feinden zu warnen. Die Feldmark begrenzten sogenannte Malbäume,

Feldwarte
an der Straße nach Gernrode

Birnbäume oder Eichen mit eingebrannten Kreuzen. Ab dem 16. Jahrhundert wurden sie durch Grenzsteine ersetzt. Die Grenze der Quedlinburger Feldflur zog sich über rund 42 Kilometer durch hügeliges, schwer überschaubares Gelände.

Von den einst elf Warttürmen sind heute sechs erhalten – einige als Aussichtsturm – mit Höhen zwischen acht und 16 Metern. Der Eingang in etwa drei bis fünf Meter Höhe war nur mit einer Leiter erreichbar. Nachrichten wurden als Rauch- oder Lichtzeichen, vielleicht auch mit Fähnchen von Turm zu Turm übermittelt. Von der Ende des 18. Jahrhunderts abgerissenen Hamwarte hatte der Wächter zu allen anderen Warten und zum Türmer auf der Marktkirche Sichtkontakt.

Adressen und Öffnungszeiten

Rathaus
Führungen: Mo/Do/Fr um 13 Uhr, außer an Feiertagen und bei Veranstaltungen im Rathaus. (Treffpunkt vor der Quedlinburg-Information, Markt 4)

Pfarrkirche St. Benedikti (Marktkirche) *www.kirchequedlinburg.de*
Marktkirchhof, Tel.: 0173 89 78 514
Öffnungszeiten: täglich 10 - 17 Uhr, *Turmbesteigung:* Mo bis Sa 11 - 14 Uhr

Kulturkirche St. Blasii
Blasiistraße, Tel.: (03946) 905666
Öffnungszeiten: Mai bis Dezember Fr bis Mi 11- 17 Uhr, Do geschlossen

Pfarrkirche St. Nikolai *www.kirchequedlinburg.de*
Steinweg 67, Tel.: (03946) 703683 oder 0173/9016218 (eingeschränkte Besichtigung aufgrund von Sanierungsarbeiten), *Öffnungszeiten:* Mo bis Sa 10.30 - 16 Uhr, So 12 - 16 Uhr, *Turmbesteigung:* wegen der Bauarbeiten vorübergehend nicht möglich

St. Ägidiikirche *www.kirchequedlinburg.de*
Ägidiikirchhof 1, Tel.: (03946) 919954, *Öffnungszeiten:* März bis Oktober Sa 15 - 18 Uhr

Fachwerkmuseum „Ständerbau"
Wordgasse 3, Tel.: (03946) 3828
Öffnungszeiten: April bis Oktober Fr bis Mi 10 - 17 Uhr, 1. bis 3. Advent Sa/So 10 - 16 Uhr

Galerie 7kunst *www.7kunst.de*
Ausstellungen und Veranstaltungen, wie Theater, Musik, Film, Malerei, Literatur
Word 28, Tel.: (03946) 810653
Öffnungszeiten:
April bis Oktober Do/Fr 11 - 17, Sa/So 11 - 16 Uhr, 1. bis 3. Advent Sa/So 11 - 19 Uhr

Eisenbahn- und Spielzeugmuseum *www.eisenbahn-spielzeug-museum.de*
Blasiistraße 22, Tel.: (03946) 3751
Öffnungszeiten:
April bis Oktober und Dezember Mo bis Sa 10 - 17 Uhr, So/Fei 11 - 16 Uhr, November und Januar bis März Mo bis Sa 10 - 16 Uhr, So/Fei 11 - 16 Uhr

Garnisonsmuseum *www.garnisonsverein.de*
Steinweg 47, Tel.: 0172 34 30 104
Öffnungszeiten: April bis November 1. Sa im Monat 11 - 16 Uhr und nach Vereinbarung

Nordharzer Städtebundtheater *www.harztheater.de*
Großes Haus mit 284 Plätzen, Neue Bühne mit 99 Plätzen
Repertoire: Oper, Operette, Musical, Ballett und Schauspiel
Theaterkasse Quedlinburg: Marschlinger Hof 17/18, Tel.: (03946) 962222
Mo bis Fr 10 - 13 und 14-16 Uhr, Karten-Vorverkauf auch in der Quedlinburg-Info

„Stadtpalais Salfeldt" (Tagungs- und Kongresszentrum)
Kornmarkt 5, Tel.: (03946) 810030

Bildungshaus Carl Ritter (Bibliothek, Musikschule und KreisVolksHochSchule)
Heiligegeiststraße 8, Tel.: (03946) 9 01 56 20

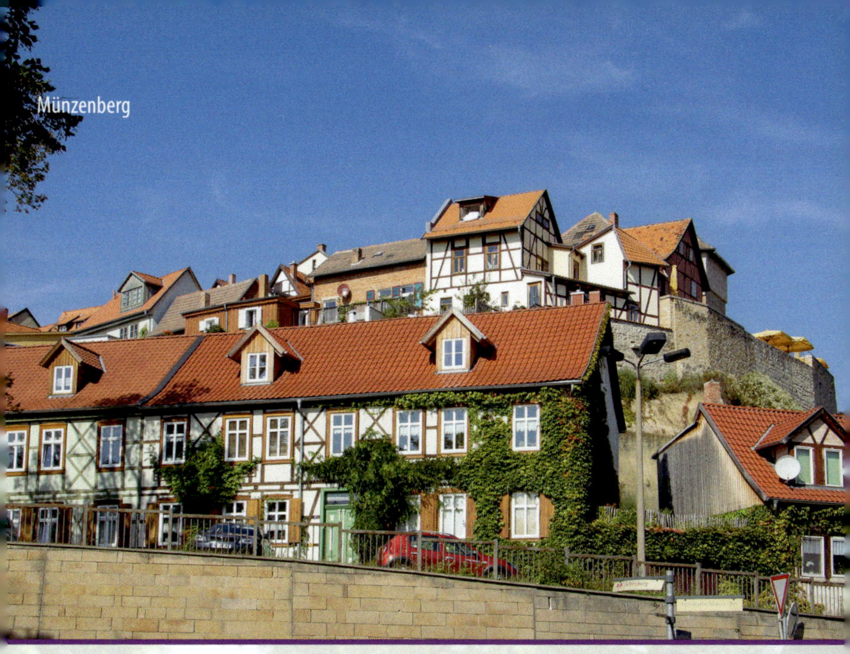
Münzenberg

Vom Brühl zum Münzenberg

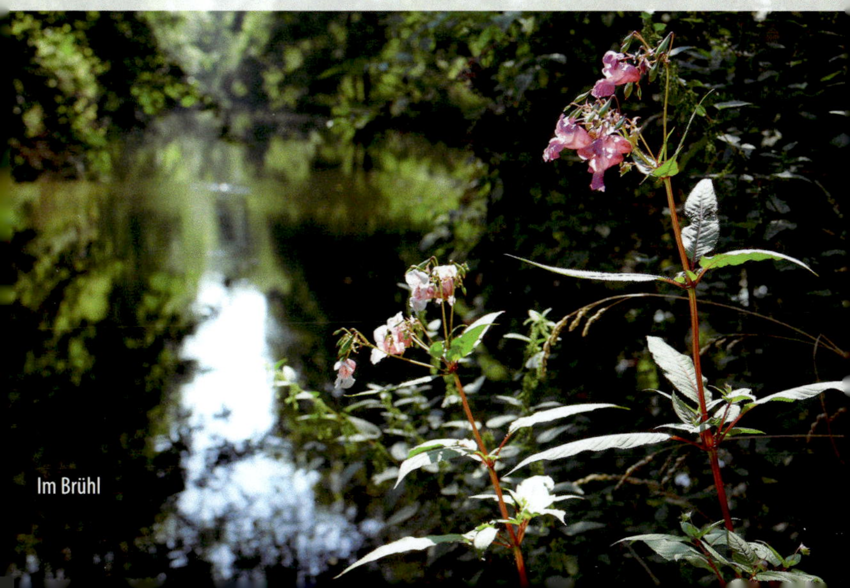
Im Brühl

Abteigarten und Brühl

Der **_Abteigarten_** südlich des Quedlinburger Schlosses ist gewissermaßen das Entree zum Brühl. Schon im Mittelalter war hier ein Garten der Äbtissin des Stifts.

Vermutlich um 1720 wurde im Stil der Zeit ein Barockgarten angelegt, mit acht zentralen Grünflächen und einem Bassin in der Mitte. Sogenannte Bosketten (beschnittene Sträucher und Bäumchen) umrahmten die Flächen. In der Umgebung gab es Obst- und Gemüsebeete, Beerensträucher und Obstbäume. Außerdem wurden westlich und südlich drei große Teiche angelegt. Der Mitbegründer der Quedlinburger Saatzuchtwirtschaft, Heinrich

Vom Abteigarten zum Brühl

Mette, absolvierte hier von 1750 bis 1753 eine Gärtnerlehre.

1803, mit der Auflösung des Stifts, wurde der Garten verpachtet. 1827 kaufte ihn der ehemalige Abteigärtner Samuel Lorenz Ziemann, der aus dem Barockgarten einen Nutzgarten machte. Die Teiche wurden verfüllt, der südliche Ausgang zur Mittelachse des Brühlparks geschlossen und aus dem Wasserbassin wurde ein Speicherbecken. Später übernahm die Gärtnerfamilie Dippe den Garten, die am Eingang Sandsteinpfeiler und eine Umfriedung errichten ließ. Nach 1945 wurde das Bassin ganz entfernt und der Garten mit Maschinen intensiv bearbeitet.

Im Jahre 2000 erwarb die Stadt Quedlinburg das Gartengelände und verpachtete die Gartenflächen an zwei Gärtnereien. Der einstige Abteigarten wurde, gemeinsam mit dem Brühl, in das **_Projekt „Gartenträume"_** des Landes Sachsen-Anhalt aufgenommen. Die wenigen erhalten gebliebenen Artefakte des alten Gartens ergänzen nun die moderne Gestaltung. Ein besonderer Aspekt war dabei der Blick vom Schlossberg aus. Das Wasserbassin wurde aus Beton nachgestaltet und mit Sandstein verkleidet. Eine etwa 400 Meter lange Hainbuchenhecke grenzt die gärtnerisch genutzten Bereiche vom übrigen Garten ab. An der Südseite zum Brühl wurde der Zaun wieder geöffnet und der Holländergraben mit einer Betonfertigteilbrücke verbunden.

Carl-Ritter-Denkmal im Brühl

Der *Brühl* ist ein beliebtes Lustwäldchen (silva quae broil vocatur) am Ufer der Wilden Bode. Der Name verweist auf den sumpfigen Charakter des Bodens. 1179 wird der Brühl als ein Besitz des Wipertiklosters erwähnt. Doch erst die Alleen, die die Äbtissin Anna Dorothea, Herzogin von Sachsen-Weimar im Jahre 1685 anlegen und mit Linden bepflanzen ließ, machten das Wäldchen zum Park. Einen weiteren Ausbau mit zwei Diagonalalleen, wodurch ein barocker Jagdstern entstand, veranlasste 1757 die Schwester Friedrichs des Großen, Äbtissin Anna Amalia.

Nach Auflösung des Stifts 1803 fiel das Wäldchen an das preußische Königshaus, und Friedrich Wilhelm III. schenkte den Brühl dann 1818 der Stadt. Schon in alten Stadtführern wurde die Vielfalt der Bäume, wie

Mit dem Brühl verbinden sich mancherlei *lustige Sagen*. So soll auf den Wegen häufig eine weiße Jungfrau ahnungslose Müllerburschen am Verlassen des Wäldchens hindern. Die armen Wichte müssen dann so lange in Begleitung der bleichen Jungfrau durch den Brühl irren, bis es endlich Mitternacht schlägt und der Spuk vorbei ist.
Eine andere Geschichte berichtet von recht ungezwungen lebenden Mönchen, die sich hier mit allerlei Frauenspersonen trafen. Äbtissin Bertradis verbot ihnen deshalb den Aufenthalt im Brühl und ließ noch Bärlauch säen. So wurden Missetäter, die es trotz des Knoblauchduftes dieser Pflanze ins Unterholz zog, gleich an ihrem aus allen Kuttenfalten strömenden durchdringenden „Lustgeruch" identifiziert.

Natürlich hat die Stadt Klopstock auch ein eigenes Denkmal gesetzt und, ganz wie es dem Dichter geziemt, steht es im Brühl, dem schönen Park Quedlinburgs.

Weymouthskiefern, Blutbuchen, Tulpenbäume und die vielen seltenen, wild wachsenden Pflanzen für besonders erwähnenswert gehalten.

Der an der Brühlstraße stehende **Gedenkstein mit der Hochwassermarke** vom 30. Dezember 1925 zeigt, wie unberechenbar das meist stille Flüsschen Bode sein kann. Damals ergoss sich, nach plötzlichem Tauwetter und heftigem Regen, eine Flutwelle in die Stadt, die binnen kurzer Zeit Straßen, Gassen und den Markt unter Wasser setzte.

Gleich am Zugang des Parks erhebt sich mit seinem neugotischen Aufbau das **Denkmal für Carl Ritter**. Am 7. August 1865 wurde es feierlich enthüllt. Die Bronzebüste ist ein Werk des Quedlinburger Bildhauers Eduard Ulenhut.

Etwas weiter drinnen im Brühl, an einem lauschigen, von Tannen und Eiben umgebenen Ort, steht das schlichte **Denkmal Friedrich Gottlieb Klopstocks**. Es muss dem Auge des Betrachters ganz einfach gefal-

len, denn der Entwurf stammt von keinem Geringeren als Karl Friedrich Schinkel. Und wo der Name Schinkel auftaucht, ist der des Christian Friedrich Tieck nicht weit. Ihm verdanken wir das eindrucksvolle Bronzebildnis des großen Dichters. Eine Tafel im Giebelfeld des Denkmals zitiert in leicht geänderter Form die Schlusszeile der Klopstockschen Ode „Mein Wäldchen". 1778 hatte sie der Dichter als Dank an das in der Nähe Kiels lebende Grafenpaar Holck gesandt, als es ihm seinen Lieblingsaufenthaltsort, ein Eichenwäldchen, schenkte.

TIPP

Ökogarten Quedlinburg
Wipertistraße 5, Tel. (03946) 707510

große Freifläche mit Naturgarten, Sinnesgarten, Naturspielplatz mit Erlebnisbaustelle und Werkstatt

Öffnungszeiten:
März bis Okt. Mo bis Fr 8 bis 17 Uhr
Nov. bis Febr. Mo bis Fr 8 bis 15.30 Uhr

St. Wipertikirche

Dort, wo einst der Königshof Heinrichs I. lag, steht die Wipertikirche. Das Gelände ist an drei Seiten von einem Bodearm und an der vierten vom Kapellenberg begrenzt. Es war durch den natürlichen Schutz des Bodewassers und durch das sich anschließende Sumpfgelände günstig zu verteidigen. Daher haben hier bereits seit der Jungsteinzeit um 5000 v. Chr. Menschen gesiedelt, wie zahlreiche Bodenfunde belegen.

Geschichte. Mit der Wahl Heinrichs I. zum König 919 gehörte der Hof zur Pfalz Quitilingaburg, nach dem Tod des Königs dann zum Stift. Damals mussten die zur Betreuung der Kirche auf dem Schlossberg wohnenden Kanoniker auf den ehemaligen Königshof umziehen. Im Laufe des 10. Jahrhunderts wurde die dem heiligen Wigbert geweihte Kapelle grundlegend umgestaltet und mit einer lang gestreckten Basilika überbaut. Die heutige Krypta könnte schon aus dieser Zeit, aber wohl eher von etwa 1020 stammen.

Im Jahre 1148 wandelte Äbtissin Beatrix II. das Kanonikerstift in ein Prämonstratenserstift um. Seither ist in den Urkunden der Name St. Wigbert für das Kloster gebräuchlich. Ziemlich schnell verbesserten die Mönche durch eine strenge Wirtschaftsführung ihre Vermögenslage. Seine Blüte erlebte das Kloster zwischen 1250 und 1330. Anfang des 14. Jahrhunderts wurde es in die Streitigkeiten des Grafen Albrecht II. von Regenstein mit der Stadt Quedlinburg hineingezogen. Vom Kloster

aus bedrängte der Graf mit seinen Soldaten die Bürger. Nachdem 1336 der Regensteiner besiegt war, zogen die empörten Quedlinburger zum Kloster St. Wigbert, legten die Kirchtürme in Schutt, steckten den Kreuzgang in Brand und verwüsteten die Gebäude. Nur notdürftig konnte der Schaden in den folgenden Jahren behoben werden.

Die Reformation und die anschließenden Bauernaufstände mit ihren Verwüstungen bedeuteten das endgültige Aus für das Kloster. Die Mön-

i Seite 90

Romanisches Portal der Münzenberger Kirche St. Mariae im südlichen Seitenschiff von St. Wiperti

che verließen diesen Ort, der 1547 zum Vorwerk des Frauenstifts wurde. Bis 1812 diente St. Wigbert noch als evangelische Pfarrkirche, ab 1816 als Scheune und Milchkeller. Erst in den 1950er Jahren wurde die Kirche denkmalpflegerisch restauriert. Seitdem nutzt sie eine Kirchgemeinde wieder als Gotteshaus.

Baubeschreibung. Dank der Restaurierung 1955/56 ist die Kirche wieder eine lang gestreckte, dreischiffige Pfeilerbasilika. Das Südschiff wurde damals neu aufgebaut und darin das *romanische Portal* der 1525 zerstörten Klosterkirche auf dem Münzenberg eingefügt. Das aus einem Stück gefertigte Bogenfeld über dem Türsturz zeigt die Madonna mit dem Kind, verehrt von der Stifterin des Klosters und einer Nonne.

Die *Krypta* ist eine dreischiffige Halle mit halbrunder Apsis. Das Tonnengewölbe ruht auf einem von Pfeilern und Säulen getragenen Architrav und ist damit das früheste Beispiel des niedersächsischen Stützenwechsels in Deutschland. Charakteristisch sind die Pilzkapitelle. Sie

Seite 90

Eine beeindruckende, denkmalgeschützte *Gruftanlage* grenzt südlich an den Wipertifriedhof. In zwei übereinanderliegenden Reihen erstrecken sich am Felshang noch 55 begehbare, gewölbte Grüfte. Die Grabstätten entstanden im 17. und 18. Jahrhundert. Bedeutende Persönlichkeiten fanden hier ihre letzte Ruhestätte.

wurden der Holzbaukunst entlehnt und nicht – wie sonst üblich – nach antiken Vorbildern gefertigt. Die Seitenschiffe sind konzentrisch um das Mittelschiff herumgeführt. Die Nischen in der Außenwand könnten zum Sitzen oder für Ikonen gedacht gewesen sein. Nach Osten hin verjüngt sich der Raum, wodurch er länger und monumentaler wirkt.

Ausstattung. Kostbarer Mittelpunkt des Hochchors ist der 1960 von Bildhauer Professor Karl Müller geschaffene *Bronzetabernakel*. Die vier Evangelistensymbole tragen eine rechteckige Platte, auf der sich der eigentliche Schrein erhebt. Unter dem Relief des Herzen Jesu steht die Inschrift „Panis pro vita mundi" (Brot für das Leben der Welt). Auf den Schmalseiten sind die beiden Formen der Eucharistie (Danksagung) im christlichen Abendmahl dargestellt – betende Hände, eine Weizenähre emporhebend als Symbol für das Brot, den Leib Christi, und ein mit Trauben gefüllter Kelch als Symbol des Bluts Christi.

Im Westteil der Kirche befindet sich ein *romanischer Taufstein* aus dem nahegelegenen Rieder, ergänzt durch einen modernen Fuß und einen kupfergetriebenen Deckel.

Im nördlichen Seitenschiff steht ein aus der Ägidiikirche stammender *spätgotischer Schnitzaltar* aus dem Jahre 1485. Der Schrein zeigt die Muttergottes, umgeben von sechzehn Heiligen, deren Attribute jedoch zum Teil fehlen. Die zugehörige Pietà fand im südlichen Seitenschiff einen neuen Platz.

Umgangskrypta in St. Wiperti

Der Münzenberg

Gegenüber dem Schlossberg erhebt sich steil ansteigend der Münzenberg. Dicht an dicht, wie Schwalbennester am Berghang klebend, drängen sich die nachmittelalterlichen Fachwerkhäuser. Viele der einfachen Häuser stammen jedoch aus dem 19. Jahrhundert. Da die mit der profanen Nutzung des Berges einhergehende Bebauung ohne Brandwände errichtet wurde, vernichteten Feuersbrünste vor allem die älteren Bauten auf der Ostseite. Von der Terrasse des Hauses Münzenberg 17 bietet sich der schönste Blick über die Dächer und Türme Quedlinburgs und das Harzvorland.

Seite 90

Das Kloster. Äbtissin Mathilde II. ließ 986 das Kloster St. Mariae zu Ehren und zum Gedächtnis ihres Bruders Otto II. gründen. Zwar hatten die nach den Regeln des heiligen Benedikt lebenden Nonnen eine eigene Äbtissin, dennoch waren sie vom Reichsstift auf dem Schlossberg abhängig. Während des Aufstandes der Bauern gegen die Obrigkeit 1524/25 wurde die Klosteranlage von rebellierenden Bauernkriegern geplündert und teilweise zerstört. Die Nonnen verließen 1525 ihr Kloster, weil sie um ihr Leben fürchten mussten. Nach und nach verfiel die Anlage zur Ruine, sodass der Berg 1540 nur noch eine öde Trümmerstätte war.

Die Kirche. Von der Klosterkirche St. Mariae sind noch großartige Reste erhalten, darunter sämtliche Kreuzgratgewölbe im nördlichen Seitenschiff. Zwei Abschnitte nutzt

Die sanierte Westkrypta

ein Münzenberger Bewohner als Küche und als Eingangsflur, die restlichen aber können als Teil des Münzenbergmuseums besichtigt werden. Vollständig bewahrt blieben die West- und die Ostkrypta in ihrer monumentalen Ausprägung sowie Teile des Hauptschiffes und der Nonnenempore.

Um 1300 veranlasste Hoyer von Falkenstein, der Schutzvogt des Klosters, den Bau des Glockenturms. Er entstand in einem zweischaligen Mauerwerk aus kräftigen Steinquadern und wurde mit der ursprünglichen Kirche verbunden. Aus der späten Romanik stammt auch die sogenannte Klosterküche. Ihr mächtiger Schornstein blieb über all die Jahre stehen. Er bildet heute den Mittelpunkt eines Ferienhauses.

Das Museum. An den beeindruckenden Resten der Kirche auf dem Münzenberg lassen sich noch alle Elemente einer ottonischen Basilika mit Apsis, Querhaus, dreischiffigem Langhaus und Westbau ablesen. Mit der St. Wipertikirche zählt sie zu den beiden ältesten ottonischen Gebäuden in Quedlinburg.

Zu Beginn der Sanierungsarbeiten war die Kirchenruine auf zwölf Besitzer aufgeteilt, sodass sich in dem Gewirr von Kellern, kleinen Höfen und Schuppen die Ausmaße des einstigen Kirchenbaus nur Eingeweihten erschloss. Die größte Schwierigkeit bestand in der Wiedervereinigung der zwölf Einzelfragmente. So wurden Parzellen gekauft und marode Häuser übernommen, um diese mit Hilfe der unteren Denkmalbehörde sowie des Landesamtes für Denkmalpflege und Archäologie in Halle zu sanieren.

Seit 2006 kümmert sich der gemeinnützige „Museumsverein Klosterkirche auf dem Münzenberg" intensiv um die schrittweise Instandsetzung der Kirche. Dorothea und

Esse der Klosterküche

Auf dem Münzenberg

dem 10. und 11. Jahrhundert mit Kopfnischengräbern. Seit 2017 gehört St. Marien auf dem Münzenberg zur **Straße der Romanik** durch Sachsen-Anhalt.

Die Siedlung. Die Äbtissin des freiweltlichen Damenstifts, eine Elisabeth II. von Reinstein (1574 bis 1584), erlaubte Armen eine Neubesiedlung des Sandsteinfelsens. Vornehmlich Handwerker, die Gestank und Feuer machten wie Kupferschmiede und Gerber, fahrende Gesellen, Kleinkriminelle und Wandermusikanten, also jene, die keine Bürger werden durften, errichteten etwa ab 1580 zwischen den Ruinen ihre einfachen kleinen Fachwerkhäuser. Geschickt nutzten sie dabei die herabgestürzten Steine und das Balkenwerk der Klosterkirche als Baumaterialien.

Siegfried Behrens gründeten eine Unterstiftung in der Deutschen Stiftung für Denkmalschutz, um aus den Erträgen des Stiftungsvermögens und aus Spenden das Museum zu finanzieren.

Quedlinburger Archäologen legten auch einen Teil des mittelalterlichen Friedhofs frei. Das Museum zeigt Teile einer Grabanlage aus

Einst war der Münzenberg durch drei Tore zugänglich. Zu den Pforten im Osten und im Süden führen schmale Treppen.

Kopfnischengrab

Ausflugstipps

Wer noch ein wenig länger Quedlinburg und seine Umgebung genießen möchte, sollte sich in den seit Januar 2014 eingemeindeten Ortsteilen Gernrode mit der sehenswerten romanischen Stiftskirche St. Cyriakus sowie Bad Suderode umschauen. Zum Wandern laden die nahegelegenen Täler der Bode und der Selke ein. Eine Erkundung des abwechslungsreichen Selketals lässt sich zudem mit einer Fahrt auf schmaler Spur verbinden.

Seit 2006 kann man sich direkt am Bahnhof Quedlinburg bequem in einen Zug der *Harzer Schmalspurbahnen* setzen, denn die alte Regelspurstrecke von Gernrode nach Quedlinburg wurde auf Schmalspur umgebaut. Damit erweiterte sich das Streckennetz der Selketalbahn. Die täglich verkehrenden Dampfzüge und Triebwagen führen ins Selketal, aber auch zum Brocken, nach Nordhausen oder nach Wernigerode.

Das landschaftlich reizvolle *Selketal* mit zum Teil steilen Felshängen erstreckt sich zwischen Selkenfelde und Meisdorf. Meist dem Flusslauf folgend, führt der 67 Kilometer lange *Wanderweg Selketal-Stieg* von Quedlinburg bis nach Stiege, vorbei am Schloss Ballenstedt, an der Burg Falkenstein und dem Besucherbergwerk Grube Glasebach.

harz-wanderkarten.de/selketal-stieg

Zum Naturschutzgebiet wurde 1937 das von waldbedeckten Felswänden und kahlen Hanghalden eingeschlossene enge *Bodetal* zwischen Thale und Treseburg erklärt. Es bewahrt eine Fülle von Naturschönheiten sowie seltene Pflanzen und Tiere. Ein etwa zehn Kilometer langer

Triebwagen auf der Schmalspurstrecke Quedlinburg – Gernrode

und lehrreicher Wanderweg, Teil des **Harzer Hexen-Stiegs**, führt an Goethefelsen, Kronensumpf und Teufelsbrücke vorüber zum Bodekessel. Den einzigartigen Talabschluss umgeben 200 Meter hohe Granitfelsen.

harz-wanderkarten.de/harzer-hexen-stieg

Seite 90

In *Gernrode* steht die romanische Stiftskirche St. Cyriakus. Markgraf Gero gründete 961 das freie Kanonissenstift. Es stand als weltliches Damenstift auf der gleichen Stufe wie die Gründungen in Quedlinburg, Gandersheim oder Essen. Von einem Papstbesuch in Rom brachte Gero die Armreliquie des heiligen Cyriakus mit, dem Schutzheiligen des Stifts. 965 wurde Markgraf Gero im Querhaus der Kirche bestattet. Das Stift entwickelte sich zu einem wichtigen ottonischen und salischen Zentrum. Kaiser Friedrich Barbaros-

sa hielt 1188 in Gernrode einen Hoftag ab. Danach ging die Bedeutung Gernrodes zurück.

Der Ursprungsbau der Kirche war eine kurze dreischiffige Basilika mit Stützenwechsel. In den Seitenschiffen waren Emporen eingebaut. Damit wurde die sogenannte Emporenbasilika, eine aus Byzanz stammende Form, erstmals nördlich der Alpen verwirklicht. Im 12. Jahrhundert wurden die Westtürme erhöht, die Emporen der Seitenschiffe beseitigt, die Querhausarme erhielten Emporen und wurden zur Vierung geöffnet.

Im 19. Jahrhundert wurde die Kirche als Stall und Scheune benutzt. Herzog Alexander Carl nahm sich schließlich des maroden Zustands der Stiftkirche an und beauftragte den preußischen Konservator Ferdinand von Quast mit der Restaurierung. Im Jahre 1872 waren die Arbeiten abgeschlossen. Die Kirche spiegelt weitgehend den Bauzustand von 1130 wider.

Bemerkenswert ist im südlichen Seitenschiff der Nachbau des **Heiligen Grabes Christi** in Jerusalem. Es ist die älteste erhaltene Nachbildung des Christusgrabes in Deutschland. Es wird angenommen, dass es zwischen 1060 und 1080 entstand.

Das Erscheinungsbild des kleinen Erholungsortes *Bad Suderode* prägen im wesentlichen Gründerzeithäuser im sogenannten „Suderöder Pensionshausstil". Sie zeugen von dem Badebetrieb, der sich hier um 1900 entwickelte. Der „Behringer Brunnen" zählt mit mehr als 2 500 mg Calcium pro Liter zu den stärksten Calciumquellen Europas.

Bäderarchitektur in Bad Suderode

St. Cyriakus Gernrode

Adressen und Öffnungszeiten

St.-Wiperti-Kirche *www.wiperti.de*
Wipertistraße, Tel. (03946) 915082 (katholisches Pfarramt)
Öffnungszeiten: Mai bis Oktober Mo bis Sa 10 - 12 Uhr und 14 - 17 Uhr, So nach dem Gottesdienst ca. 14 - 17 Uhr, ***Führungen:*** nach Anmeldung im Pfarramt oder in der Quedlinburg-Information Tel. (03946) 905-624

Museum St. Marien auf dem Münzenberg *www.klosterkirche-muenzenberg.de*
Münzenberg 16, Tel. 0178 - 80 42 592 (Achtung: Eingang im Haus Münzenberg 4.)
Öffnungszeiten: täglich 10 - 17 Uhr, Januar/Februar Do bis Mo und nach Absprache, bis 2.2.2020 erweiterte Öffnungszeiten analog der Stiftskirche (siehe Seite 34)

Stiftskirche Sankt Cyriakus Gernrode *www.stiftskirche-gernrode.de*
Burgstraße 3, 06485 Quedlinburg OT Gernrode, Tel. (039485) 275
Öffnungszeiten: Offene Kirche täglich 15 - 16 Uhr, April bis Oktober Mo bis Sa 9 - 17 Uhr, So 12 -17 Uhr, ***Führungen:*** täglich 15 Uhr und nach Vereinbarung
Achtung: Besichtigung des Heiligen Grabes nur mit angemeldeter Sonderführung

Alte Kirche Bad Suderode *www.altekirchebadsuderode.de*
Schulstraße 2, 06485 Quedlinburg OT Bad Suderode, Tel. (039485) 94915
Öffnungszeiten: Di und Do 15 - 17 Uhr, Musik- und Veranstaltungskirche

Harzer Schmalspurbahnen GmbH *www.hsb-wr.de*
38855 Wernigerode, Friedrichstraße 152, Tel. (03943) 558-0

Verkehrsverbindungen

Nach Quedlinburg gelangt man wohl am bequemsten mit dem **Auto**, und in Quedlinburg benutzt man dann am besten nur Schusters Rappen zur Fortbewegung. So erspart man sich die Parkplatzsuche in den engen Gassen, von denen sehr viele nur im Einbahnverkehr befahrbar sind. Aus Goslar und Wernigerode gelangt man in die UNESCO-Welterbestadt über die A 36. Von Halberstadt führt die B 79 heran. Aus Leipzig/Halle fährt man auf der A 14 bis zum Kreuz Bernburg und von hier auf der A 36 zur Abfahrt Quedlinburg-Ost. Wer aus Magdeburg kommt, verlässt bei Kroppenstedt die B 81 und biegt kurz hinter dem Ortsschild links auf die Landstraße nach Quedlinburg ein. Von Süden nähert man sich beispielsweise aus Harzgerode und Gernrode über zwei parallel verlaufende Landstraßen. Nach Ankunft in Quedlinburg folgt man der Ausschilderung zum Schloss-**Parkplatz**. Hier befinden sich zudem Wohnmobilstellplätze mit Stromanschluss. Man kann aber auch sein Fahrzeug auf den Parkplätzen Carl-Ritter-Straße, Marschlinger Hof, An den Fischteichen oder in der Wallstraße abstellen.
Mit der **Eisenbahn** erreicht man Quedlinburg aus Magdeburg kommend bequem teils ohne Umsteigen. Aus anderen Richtungen plant man eine Anreise am günstigsten über Halberstadt. Seit 2006 fährt auch die ***Harzer Schmalspurbahn bis Quedlinburg***.
Eine gute Alternative bieten ab Berlin **Fernbusse** (etwa 3 Stunden Fahrzeit). Für Stadtrundfahrten empfiehlt sich die Quedlinburger **Bimmelbahn**, die ab Marktstraße verkehrt und in der man sich zu einer Stadtbesichtigung auf eigene Faust inspirieren lassen kann.

Freizeit • Essen • Übernachten

Kino und Kleinkunst

Studiokino „Eisenstein" (50 Plätze)
im Kulturzentrum Reichenstraße e.V.
Reichenstraße 1, Tel. (0 39 46) 26 40
mit wöchentlich wechselndem Film,
Kabarett, Kneipenkonzerte, Theater
www.reichenstrasse.de

Freizeit und Sport

Bowlingcenter am Schloss
Schenkgasse 2, Tel. (0 39 46) 9 10 80
8 Bahnen, Gastronomie, Events
Öffnungszeiten: täglich ab 15 Uhr

Zweiradpavillon
Bahnhofstraße 1B, Tel. (03946) 70 95 07
Öffnungszeiten:
Mo bis Fr 9 - 18, Sa 9 - 12.30 Uhr

Essen und Trinken

In der Innenstadt verführen zahlreiche
Cafés und Restaurants mit kulinarischen
Angeboten aller Couleur und trumpfen
mit individuell gestalteten Außenberei-
chen auf; manche versteckt und roman-
tisch auf **Hinterhöfen**, wie das „Café &
Restaurant Kaiser" (Finkenherd 8) oder
die vom Michelin-Guide empfohlene
„Weinstube" (Billungstraße 11) mit ihrem
mediterran begrünten Innenhof.
Regionale und klassische Gerichte stehen in der „Bärenschänke" (Markt 8) und
im „Schlosskrug" (Schlossberg 1) auf der
Speisekarte, der zusätzlich eine grandio-
se Aussicht auf die Stadt bietet, sowie im
„Benedikt" (Marktkirchhof 18), wo bereits
George Clooney Gast war.
Wohl nicht nur Gäste aus dem Norden
freuen sich über die mehr als 25 Fisch-
variationen in der „Quedlinburger Fisch-
kate" (Lange Gasse 1a). Freunde der in-
ternationalen Küche finden **italienische**
Restaurants, wie das „Pasta Mia" (Steinbrücke 23) und Gaststätten, in denen
chinesisch („Zum Goldenen Drachen",
Schmale Straße 1 a) oder **griechisch** („Ar-
temis", Pölkenstraße 31) gekocht wird.
Deftig geht es in der „Gasthausbrauerei
Lüdde" (Blasiistraße 14) zu, wo man neben dem selbstgebrauten obergärigen
„Pubarschknall" und "Knuttenforz" auch
Pils, Bock und Weizenbier kosten kann.
Gleich über sieben verwinkelte Fachwerkhäuser erstreckt sich das **Café** „Zum
Roland" (Breite Straße 1-3). Es ist mit historischen Möbeln urig eingerichtet. Familien mit Kindern sei das „Café Wirbelwind"
(Bockstraße 13) empfohlen!
Klein und gemütlich lädt das „Schil-
lers" (Lange Gasse 32) vom Frühstück
bis zum Gute-Nacht-Cocktail ein und
Nachtschwärmern bietet die „Bar 2.0"
(Wipertistraße 1 a) phantasievolle Cock-
tails, bei denen man schnell ins Gespräch
kommt. Dies gelingt sicher auch nach einem herzlichen „Sláinte!" bei Guinness
im „Quedels-Pub" (Carl-Ritter-Straße 18).

Übernachten

Quedlinburg bietet viele Möglichkeiten
der Übernachtung für unterschiedliche
Ansprüche und Geldbeutel. Moderner
Luxus und **historisches Ambiente** sind
gelungen kombiniert im Hotel „Stadt-
schloss" (Bockstr. 6 / Klink 11, Tel. 03946-
52600) und im Schlosshotel „Romantik
Hotel am Brühl" (Billungstraße 11, Tel.
03946-9618-0). Direkt **am Markt** schläft
man im Hotel „Zum Bär" (Markt 8/9, Tel.
03946-7770) und im Hotel „Theophano"
(Markt 13/14, Tel. 03946-96300). Klassischen **Kluburlaub** für die ganze Familie mit Streichelzoo und großem Swim-
mingpool bietet die Ferienanlage „Family
Club Harz" (Westerhäuser Str. 43, Tel.
03946-77220) und die **Jugendherberge**
nimmt auch gern Familien sowie Indi-
vidualreisende auf (Neuendorf 28, Tel.
03946-811703). **Wohnmobile** können
am „Schlossparkplatz", Wipertistraße 2
(Tel. 03946-96500) und am „Marschlinger Hof" (Tel. 03946-905834) „ankern".

Fototipps

Fotografieren in Quedlinburg macht besonderen Spaß, ist aber manchmal schwierig und verlangt Geduld. Die **Stiftskirche St. Servatii** lässt sich gut in den Vormittagsstunden ablichten, wenn die gesamte Anlage aufs Bild soll. Die Kaiser-Otto-Straße sei als Aufnahmestandort hierfür empfohlen.

Soll im Sucher mehr vom **Schloss** erscheinen, ist eine Positionierung der Kamera weiter im Westen erforderlich. Als geradezu klassisch gilt die Ansicht vom Münzenberg hinüber zum Burgberg (Titelbild). Allerdings muss man für eine gute Beleuchtung auf den Nachmittag warten.

Das **Klopstockhaus** gehört zu den wenigen Sehenswürdigkeiten, die an einem relativ weitläufigen Platz und beinahe den ganzen Tag in günstigem Licht liegen, also damit kaum Probleme aufwerfen.

Ganz anders verhält es sich beim **Finkenherd** gleich um die Ecke. Favorisiert man hier die bekannte Ansicht von Osten (gelbe Fassade mit spitzem Giebel) gilt es, das ganztägige Gegenlicht zu überlisten. Bei Kameras mit automatischer Belichtung muss also eine Korrektur (Blende öffnen) erfolgen. Wegen des gleißendweißen Gegenlichthimmels sei der späte Nachmittag empfohlen.

Freunde von **Detailfotos** finden eine wahre Schatztruhe vor. Inschriften, Reliefs, Masken, Knaggen, Rosetten und verzierte Balkenköpfe laden zur Entdeckungsreise im Nahbereich ein. Was für Großaufnahmen der Fachwerkhäuser Gift ist, wirkt sich für Details vorteilhaft aus, denn seitlich einfallendes Licht bringt Plastizität.

Das **Rathaus** liegt am frühen Morgen und am späten Nachmittag in gutem Sommersonnenlicht. Platz ist hier auch ausnahmsweise genug, es sei denn, man hält sich gerade an einem Tag in Quedlinburg auf, an dem Markttreiben herrscht.

Der **Ständerbau** in der Wordgasse ist ab Mittag von Westen her gut beleuchtet, eine andere Perspektive lohnt sich hier wohl nicht. Der Platz im Rücken reicht für das Normalobjektiv gerade aus.

Wenig Gestaltungsmöglichkeiten bleiben dem Fotografen bei der **Marktkirche**, die man vom engen Kirchhof ohne professionelle Technik nur verzerrt ins Bild bekommt. Daher sollte man sich auf die mächtigen Türme beschränken und diese vom Markt aus fotografieren.

Besonders **St. Blasii** treibt den Blutdruck des Fotografen in die Höhe. Wenn man hier im zeitigen Frühjahr den Auslöser betätigt, lassen die umstehenden großen Laubbäume noch etwas vom barocken Kirchenschiff durchscheinen. Die Sonne steht hier ab Vormittag günstig.

Die imposanten 72 Meter hohen Westtürme der **Nikolaikirche** kann man sehr schön am frühen Morgen vom Steinweg aus mit dem Mathildenbrunnen im Vordergrund fotografieren oder ab Mittag aus größerer Entfernung (westlicher Teil der Pölkenstraße).

Finkenherd 1

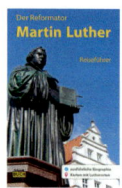
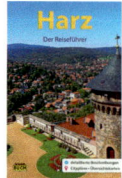

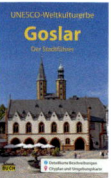

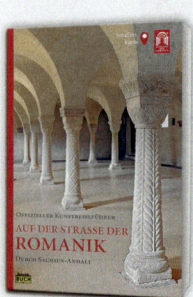

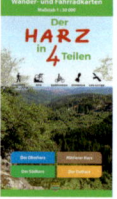

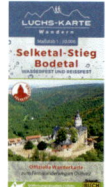

Titelbild: Stiftskirche St. Servatii und Schloss

Bibliografische Information Der Deutschen Nationalbibliothek
Die Deutsche Nationalbibliothek verzeichnet diese Publikation in der
Deutschen Nationalbibliografie; detaillierte bibliografische Daten sind
im Internet über http://dnb.ddb.de abrufbar.

Es fotografierte Thorsten Schmidt
Fotos S. 25: Norbert Perner

Lektorat: Marion Schmidt

© **Kartografie:** Schmidt-Buch-Verlag Wernigerode
Nachdruck oder Kopien nur mit schriftlicher Genehmigung des Verlags.

Alle Rechte vorbehalten
© 1994-2019 by Schmidt-Buch-Verlag
Die Winde 45; 38855 Wernigerode
Tel.: (0 39 43) 2 32 46, Fax: (0 39 43) 4 50 10
E-mail: info@schmidt-buch-verlag.de
19., aktualisierte Auflage 2019, 98. - 102. Tsd.
Layout und Bildbearbeitung: Schmidt-Buch-Verlag, Wernigerode
Druck und Verarbeitung: Grafisches Centrum Cuno GmbH & Co. KG

Internet: www.schmidt-buch-verlag.de

ISBN 978-3-936185-85-0

Straßenverzeichnis